墨香财经学术文库

"十二五"辽宁省重点图书出版规划项目

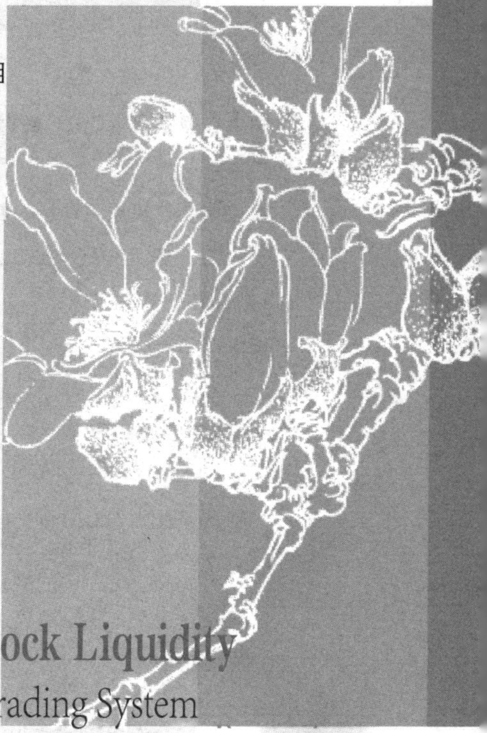

Earnings Quality and Stock Liquidity

Research Based on Auction Trading System

金韵韵 ◎ 著

盈余质量与股票流动性

基于竞价交易机制的研究

东北财经大学出版社
Dongbei University of Finance & Economics Press
大连

全国百佳图书出版单位

图书在版编目（CIP）数据

盈余质量与股票流动性：基于竞价交易机制的研究 / 金韵韵著.
—大连：东北财经大学出版社，2024.5
（墨香财经学术文库）
ISBN 978-7-5654-5297-0

Ⅰ. F279.246；F832.51

中国国家版本馆 CIP 数据核字（2024）第 202480WD84 号

东北财经大学出版社出版发行
大连市黑石礁尖山街 217 号　邮政编码　116025
网　　址：http://www.dufep.cn
读者信箱：dufep@dufe.edu.cn
大连图腾彩色印刷有限公司印刷

幅面尺寸：170mm×240mm　字数：111 千字　印张：10
2024 年 5 月第 1 版　2024 年 5 月第 1 次印刷
责任编辑：李　彬　龚小晖　责任校对：刘贤恩
封面设计：原　皓　版式设计：原　皓
定价：58.00 元

教学支持　售后服务　联系电话：（0411）84710309

如有印装质量问题，请联系营销部：（0411）84710711

前言

资本市场具有的优化资源配置功能、价格发现功能以及增值功能令其自建立之初便成为实体经济的助推器。而资本市场实现上述功能的前提是具有充分的流动性。市场流动性的增加不仅保证了金融市场的正常运转，也促进了资源的有效配置和经济增长。所有的资本市场都能提供某种形式的流动性，但流动性的高低确是区分不同市场的重要因素之一。

资本市场并非如许多经典金融理论中假定的那般完美：制度完善、无摩擦、完全透明、投资者之间信息完全对称，现实中并不存在这样的完美市场。为了实现交易，投资者往往要承担高额的交易成本，等待相当长的时间。而交易成本与交易完成时间都是衡量流动性的重要维度。Amihud和Mendelson（1986）指出："流动性是市场的一切。"如果市场缺乏流动性就会导致交易难以完成，市场也就会丧失存在的意义。同时，市场流动性也是脆弱的，并常以剧变的形式展现，在市场条件不利时，流动性会急剧下降甚至消失。

与英美等发达国家成熟市场的百年历史相比，中国新兴的资本市场仅存续三十余载。自2005年股权分置改革逐步开展以来，资本市场开始飞速发展，并以意想不到的速度进行着扩容，整个社会的资产流动性水平显著提升，资本市场在我国国民经济中的作用也日益突出。我国的资本市场虽未经历过严重的“股灾”或流动性完全丧失的情况，但不断增加的机构投资者及其他利益相关者对资产流动性的需求变得更加迫切。

投资者偏好流动性较高的股票。而股票的流动性取决于宏观政策、个股基本面、市场交易机制、投资者行为等因素。在宏观经济形势、监管政策以及交易制度客观存在的既定前提下，影响流动性最直接、最基本的因素是投资者行为。投资者行为取决于其获悉和识别信息的能力。在信息不完全对称的情况下，投资者的行为将受到公司信息质量的影响。上市公司能否释放具有足够信息含量的“信号”，在很大程度上影响着个股流动性的差异。而会计盈余是上市公司对外公布的重要财务信息，也是公认的具有信息含量的“信号”。高质量的盈余意味着公司的财务信息能够为投资者决策所用，具有较高的可信度与可靠性。既然如此，可以推测，盈余质量会对个股的流动性产生影响。

国外已有的文献多基于做市商制度，将公司的信息质量与股票的市场流动性联系起来，证明了两者之间存在着内在联系。而鉴于国内资本市场存续时间较短，交易机制又异于英美主流市场，国内有关信息质量与股票流动性的研究并不多见，为数不多的几篇文献为信息不对称程度对股票市场流动性的影响提供了经验证据，但尚未有文献证明盈余质量是否能够对流动性产生影响。

在不同的交易机制下，A股市场上市公司的盈余质量能否对个股的流动性产生影响，影响效果如何；投资者的交易行为能否成为约束上市公司提高盈余质量的力量；监管机构能否通过加强对上市公司信息披露的规范要求，达到活跃股票市场、维护稳定的交易秩序的目的，这些是投资者、上市公司以及监管机构共同关注的话题，也是文献中亟待证实的空白部分。

本书立足于A股市场微观结构的现实特征与上市公司盈余质量的总体现状，在金融市场微观结构理论、信息不对称理论、盈余功用性理论的基本框架内，基于我国资本市场采用的指令驱动竞价交易系统，分析盈余质量对股票流动性的作用机制，构建理论分析框架；在此基础上，从盈余特征出发，将三大特征——平滑性、持续性与稳健性纳入同一分析框架，尝试分析并检验不同的盈余特征对流动性的影响是否相同，以及三者对流动性的共同作用。盈余质量影响流动性的前提是有效市场假设，即投资者能够识别出高质量的盈余，并将这一信息运用在交易决策中。本书的检验结果证明了这一点，也为我国资本市场的有效性提供了新的经验证据。

本书共分为7章，具体内容如下：

第1章为导论，主要阐述本书的研究背景、研究目的和研究意义，归纳研究的主要内容，梳理研究思路与研究方法，明确研究的主要贡献与不足之处。

第2章为文献综述。鉴于盈余质量与流动性均是较难定义的概念，以往的文献中从不同角度出发对二者进行了多重定义，本章重新梳理了各种定义，针对本书的主要研究内容界定了盈余质量与流动性的概念。同时，本章对盈余质量与流动性的测度方式也进行了系统的阐述。此外，还从与本书研究主旨相关的流动性的影响因素、信息质量与流动性以及非正常市场状态下流动性相关研究等方面入手，回顾国内外研究现状，在回顾的基础上进行分析和归纳，总结局限性与欠缺之处。

第3章为基础理论与理论基础。本章系统阐述了构建本书基础理论所需的理论基础，包括金融市场微观结构理论、信息不对称理论和盈余功用性理论。同时，强调了竞价交易机制在流动性研究中的作用以及在我国开展流动性研究的特殊性。在此基础上，厘清盈余质量影响股票流动性的作用机制，并以此作为后续实证部分理论分析的基础框架。

第4章为盈余平滑性与股票流动性，从盈余平滑性维度衡量盈余质量。盈余平滑性反映了报告盈余与真实收益（现金流）之间的关系，即报告盈余偏离真实盈余的程度。盈余平滑性既有为了匹配收入与费用自然发生的部分，也有管理层出于机会主义目的操纵应计项目刻意为之的部分。因此，理论中对于盈余平滑性所反映的盈余质量有两种对立的观点。基于此，从不同的理论视角出发，分析盈余平滑性对股票流动性的影响，并提出对立假设，最后以A股市场上市公司为样本，检验盈余平滑性对股票流动性的影响。鉴于股票流动性无法直接度量，拟采用相对买卖价差（市场宽度）度量流动性，并采用非流动指标、换手率和零收益率天数等多个反映流动性的维度作为替换变量进行稳健性检验。结果表明，上市公司盈余平滑性越高，公司股票的流动性越好。也就是说，作为市场力量的投资者能够辨识出盈余质量的高低，并反映在随后交易的报价和活跃程度上。既然存在这样的因果关系，便可以形成对上市公司对外披露的盈余质量的软约束，成为上市公司提高盈余质量的动力。替换解释变量、被解释变量，并进行聚类和Fama-French检验后，结论仍然成立。

第5章为盈余持续性与股票流动性，用盈余持续性代表盈余质量。首先，界定盈余持续性与盈余质量的关系。持续性是盈余的时间序列特征，反映了本期实现的会计盈余在未来各期实现的可能性。盈余持续性较好，表示盈余的质量较高。以利润总额中持续性较高的营业利润所占比例对持续性进行测度。其次，在第3章建立的理论分析框架下，分析盈余持续性对股票流动性的影响，建立假设，并以A股市场上市公司为样本，检验盈余持续性对股票流动性的影响。结果表明：上市公司盈余持续性越高，公司股票的流动性越好。也可以理解为投资者通过财务报告能够识别出上市公司盈余持续性的高低。这类上市公司的信息质量较高，信息环境较为透明，交易者在面对这类公司股票时信息不对称程度较低。投资者在接收到这一信号后，能够对股票发出合理的指令报价，同时，这类公司也能够吸引没有私人信息渠道的不知情交易者进行交易，股票交易的活跃程度较高。

第6章为盈余稳健性与股票流动性。本章用盈余稳健性代表盈余质量，同时借鉴Khan和Watts（2007）、邱月华和曲晓辉（2009）设立的稳健性指数度量盈余稳健性。首先界定盈余稳健性与盈余质量的关系。资本市场将稳健性视为提高盈余质量的原则，但也有学者认为稳健性是管理层掩饰操纵利润的工具，稳健性越高，盈余质量反而越低。有鉴于此，本章将样本公司按稳健性的高低分为两组，稳健性较高的一组代表高质量盈余组，稳健性较低的一组代表低质量盈余组，分别检验各组中盈余稳健性对股票流动性的影响。实证结果表明，在盈余稳健性较高的上市公司中，稳健性越高，公司股票的流动性越好。这也可以理解为投资者认为这类公司具有高质量的盈余，信息质量较高，信息不对称程度较低。投资者在接收到这一信号后，能够对股票发出合理的指令报价。而在盈余稳健性较低的公司中，稳健性越高，流动性越差。此外，当将三个盈余特征变量放入同一模型中时，三者共同作用仍然会对股票流动性产生积极的影响。此外，本章从资本市场制度差异、公司股权性质以及机构投资者占比三个角度进行异质性分析，发现在引入融资融券制度后，在国有企业中，或机构投资者占比较高时，上市公司的盈余质量对公司股票流动性的影响更为显著。

第7章为结论与政策建议。本章在总结全书研究结论的基础上，对提高上市公司信息披露质量、促进资本市场更好地发展提出了政策建议，并为后续研究指明了方向。

在本书最终定稿之际，传来了北交所开始试点实施做市商制度的消息，这也恰恰印证了本书最后提出的建议：“应针对不同的流动性需求与市场环境，采取差异化的交易机制，逐步扩大做市商制度的实施范围，以提高市场流动性，促进资本市场的高质量发展。”从不同维度完善与健全资本市场运行制度，提升市场的价格发现能力，充分发挥市场的融资功能，任重而道远。

本书的出版得到了辽宁省教育厅高等学校基本科研项目（项目编号：LJKR0438）的支持，在此深表谢意。

作　者

2024年4月

目录

图表目录

1

导论

本章旨在简要阐述本书的选题背景、研究的理论与现实意义、研究目的、研究思路、主要研究内容和方法，以及创新点和不足之处。

1.1 选题背景

资本市场具有的优化资源配置功能、价格发现功能以及增值功能令其自建立之初便成为实体经济的助推器。资本市场为投资者交易金融资产提供了途径和场所，能够同时为上市公司提供资本，并为投资者提供金融资产。投资与融资功能会以不同的形式，通过不同的机制安排得以实现，这源自于资本市场具备的价格发现功能，亦称为定价功能。实现价格发现功能的前提是市场具有充分的流动性。如果市场的流动性较弱，则价格发现的效率较低；反之，如果市场流动性较强，价格发现的效率就会较高。当市场缺乏流动性时，所有者将被迫持有债务工具直至其到期而无法提前变现，或者是一直持有权益工具直至公司资源清盘解散或是被迫破产清算。在资本市场中，投资者关心的是持有的金融资产所能获得的收益及其相对应的风险，因此对于投资者来说，金融资产能否转手买卖具有重要意义。而金融资产的交易特性决定了其投资价值。进一步而言，市场流动性的增加不仅保证了金融市场的正常运转，也促进了资源的有效配置和经济增长（Levine，1991；Bencivenga等，1996）。所有的资本市场都能提供某种形式的流动性，但流动性的高低确是区分不同市场成熟与否的重要因素之一。

经典的金融理论假定存在完美的资本市场：交易制度完善、不存在交易摩擦、信息透明、投资者之间信息完全对称。资产价格建立在一个稳定的、流动性充分的市场环境中。而现实中并不存在这样的完美市场。为了实现交易，投资者往往要承担高额的交易成本，往往为了交易实现而等待相当长的时间。而交易成本与交易完成时间都是衡量流动性的重要维度。Amihud 和 Mendelson（1986）指出，流动性是市场的一切。如果市场缺乏流动性就会导致交易难以完成，那么市场也就丧失了存在的意义。同时，市场流动性也是脆弱的，并常以剧变的形式凸现。在市场条件不利时，流动性急剧下降甚至消失。尽管学者们都认识到了流动性的重要性，但长期以来，除 1929 年美国证券市场发生的股灾外，在市场的运行过程中很少发生严重的流动性危机。英美等国的资本市场经历了长期的繁荣发展，使得人们普遍认为流动性天然存在。但在 1987 年，纽约股票交易市场和期货市场流动性突然消失，1998 年东南亚金融风暴以及俄罗斯金融危机中证券市场流动性几近消失，这些已发生的事实均证明了流动性的特殊性和不为人知的一面，自此，流动性才受到关注，开始得到理论界与实务界的重视。

英美等发达国家体系完善的资本市场已发展了百余年，而中国新兴的资本市场方兴未艾，仅存在三十余载。其间，资本市场在中国经济发展和社会进步的过程中发挥了不可替代的作用，为经济持续发展提供了有力支撑。在《中华人民共和国国民经济和社会发展第十四个五年规划和 2035 年远景目标纲要》中，明确了进一步完善资本市场基础制度，健全多层次资本市场体系，提高直接融资特别是股权融资比重的改革方向。我国的资本市场经历了从建设与规范化，到改革与扩大开放的不同发展阶段。2004 年 1 月 31 日，国务院公布了《关于推进资本市场改革开放和稳定发展的若干意见》，强调发展资本市场的战略地位和发展资本市场的战略措施，史称“国九条”。2004 年 8 月 28 日，全国人大常委会审议通过《中华人民共和国公司法》修正案、《中华人民共和国证券法》修正案，均删除了新股发行价格须经监管机构核准的规定，中国证监会也准备推行首次公开发行股票面向机构投资者的询价制度和股东分类表决机制并付诸实施。2005 年 4 月 29 日中国证监会发布的《关于上市公司股权分置改革试点有关问题的通知》，本质是要把不可流通股改为可流通股。从长期来看，股票市场的市场化制度最终形成，将促进股票市场的长期繁荣和发展。2005 年以来陆续实施的股权分置改革标志着中国资本市场发展历程中的新纪元，解决了中国上市公司长久以来“同股不同权”“一股独大”的尴尬局面。从这一时点开始，资本市场飞速发展，并以意想不到的速度进行着扩容，整个社会的资产流动性水平显著提升，资本市场在我国国民经济中的作用也日益突出。自此，通过立法来规范证券市场机制的进程暂告一段落。在 2005 年之后，中国证监会又分别于 2006 年 5 月 8 日发布《上市公司证券发行管理办法》、于 2006 年 5 月 17 日发布《首次公开发行股票并上市管理办法》、于 2009 年 6 月 10 日发布《关于进一步改革和完善新股发行体制的指导意见》、于 2012 年 5 月 23 日发布《关于进一步提高首次公开发行股票公司财务信息披露质量有关问题的意见》、于 2014 年 8 月 8 日发布《公开募集证券投资基金运作管理办法》、于 2015 年 7 月 1 日发布《证券公司融资融券业务管理办法》、于 2020 年 2 月 14 日发布《关于修改〈上市公司证券发行管理办法〉的决定》《关于修改〈创业板上市公司证券发行管理暂行办法〉的决定》《关于修改〈上市公司非公开发行股票实施细则〉的决定》》等部门规章，旨在从提高上市公司信息披露质量、改进现有的股票交易机制、提高投资者参与市场的灵活性等方面进一步优化市场机制和结构。

注册制改革也开始逐步推行：中国证监会于 2015 年 11 月 20 日发

布《关于进一步推进全国中小企业股份转让系统发展的若干意见》，通过信息披露方式取代审批，促进新三板企业快速获得融资机会，提高新三板流动性；于2019年10月18日发布《关于修改〈上市公司重大资产重组管理办法〉的决定》和《关于修改〈公司债券发行与交易管理办法〉的决定》，进一步放宽了企业在主板、中小板和创业板的上市条件，并提高了信息披露标准；于2020年发布修订后的《股票发行上市审核规则》并试点实施科创板注册制改革，引入核准制和备案制相结合的方式，加快科技创新型企业上市；于2022年发布《证券公司科创板股票做市交易业务试点规定》，率先在科创板引入做市交易制度，提高市场流动性。

资本市场顶层设计始终朝着提高市场活力、丰富市场整体流动性的方向迈进，而对于微观层面的上市公司来说，个股的流动性直接影响了公司直接股权融资的能力。截至2023年年底，我国境内在主板、中小板和创业板上市的公司数量达到5 335家，总市值达83.73万亿元，相当于GDP的66.42%。[①]与此同时，中国开放式基金、境外合格机构投资者（QFII）等机构投资者亦大量涌现。这类机构投资者管理的证券类金融资产十分庞大，对资产流动性的需求也更加迫切，机构投资者资产组合管理过程中的流动性风险已成为一个难以忽视的因素，如何系统地研究证券的流动性是上市公司，也是机构投资者关注的重要问题之一。

投资者偏好流动性较高的股票（Amihud等，2005）。如果单只股票的流动性较低，为了实现交易，投资者往往要承担高额的交易成本，或等待相当长的时间。当出现流动性消失的极端情况时，交易甚至无法完成。而决定和影响股票流动性的因素究竟有哪些？具体的作

① 数据来源于国泰安经济金融数据库和中国经济网。

用机理如何？这既是学术界不断探索的难题，也是投资者、上市公司和市场监管机构热切关注的焦点。

根据已有文献，股票的流动性取决于宏观政策因素、个股基本面因素、市场交易机制、投资者行为等。在宏观经济形势、监管政策以及交易制度客观存在的既定前提下，影响流动性最直接、最基本的因素是投资者行为。投资者行为取决于其获悉和识别信息的能力。在信息不完全对称的情况下，投资者的行为将受到公司信息质量的影响。上市公司能否释放具有足够信息含量的“信号”，在很大程度上影响着个股流动性的差异。而会计盈余是上市公司对外公布的重要财务信息，也是公认的具有信息含量的“信号”。高质量的盈余表示公司的财务信息能够为投资者的决策所用、具有较高的可信度与可靠性。既然如此，可以推测，盈余质量会对个股的流动性产生影响。

本书正是在这样的现实与理论背景下，围绕上市公司盈余质量对股票流动性的影响展开研究的。

1.2 研究目的与意义

本书基于中国资本市场现状，借助资本市场微观结构理论、信息经济学理论和盈余质量有用性理论构建研究框架，探讨我国上市公司盈余质量对股票流动性的影响，以期从一个更广泛的视角揭示盈余质量的经济后果和流动性的影响因素，为今后加强会计信息质量监管工作、投资者科学决策、上市公司科学发展提供理论支持与经验证据。

1.2.1 研究目的

本书尝试解决以下问题：

（1）国外已有的文献多是建立在做市商制度（market maker system）的基础上的，将公司的信息质量与股票的市场流动性联系起来，证明两者之间存在的内在联系（Glosten 和 Milgrom，1985；Kyle，1985；Welker，1995；Healy，Hutton 和 Palepu，1999；Leuz 和 Verrecchia，2000；Amihud 等，2005；Lang 等，2011）。本书所要探讨的问题如下：

（1）在与英美等发展成熟的资本市场不同的交易机制下，盈余质量能否改善市场交易者之间的信息不对称程度，进而对股票流动性产生影响，以及影响效果如何。

（2）盈余平滑性、持续性和稳健性从三个侧面反映了盈余的特征，这些特征与盈余质量的关系如何。

（3）通过不同盈余特征度量的盈余质量对股票流动性的影响是否相同。

（4）监管机构能否通过加强上市公司信息披露的规范要求，达到活跃股票市场、维护稳定的交易秩序的目的。

（5）投资者能否判断并识别出具有高质量盈余的公司，并体现在股票的买卖报价和交易的活跃程度中。

（6）盈余质量与股票流动性之间的影响机制能否成为上市公司信息披露的软约束，督促上市公司提高披露信息的质量。

1.2.2 研究意义

（1）理论意义。

本书界定了盈余质量和股票流动性的概念，通过三大基础理论构建本书的理论分析框架——盈余质量对流动性的作用机理；从不同属性的角度对盈余质量进行测度，包括盈余的平滑性、持续性与稳健性，并分别检验不同属性代表的盈余质量对流动性的影响。本书结合经济学范畴的金融市场微观结构理论和管理学范畴的盈余质量有用性理论，将流动性（代表资本市场基本特征）与会计盈余（代表企业对外披露的重要信息）联系在一起，在完善现有研究成果的基础上，既拓宽了盈余质量经济后果的文献，也充实了流动性影响因素的相关研究成果，为这两个领域的理论研究提供了可供参考的文献。同时，本书尝试证明在不同的交易机制下，盈余质量对股票的流动性的传导机制依然能够实现。

（2）现实意义。

盈余质量与股票的流动性是投资者、上市公司与监管机构三方共同关注的热点问题，如研究表明高质量盈余能够降低交易者之间的信息不对称水平，对提高股票的流动性能起到一定的作用，也就进一步证实了提高公司盈余质量的重要意义。

对于上市公司的管理层而言，对外披露的会计信息质量能够为投资者识别，通过提高企业的盈余质量，可以吸引更多的投资者，提高股票在资本市场中的流动性，有利于企业利用资本市场进行股权融资。

对于投资者而言，不同盈余特征反映的盈余质量可以借助盈余对公司股票的流动性进行评价和判断，进而为投资决策提供更科学的决策依据。不仅如此，盈余质量通过影响投资者的交易行为进而作用于股票的流动性，投资者作为民间的市场力量，能够对上市公司对外信息披露起到规范和约束作用。

对于监管机构而言，进一步加大市场规范力度，加强投资者保护，督促企业不断改进盈余质量，有助于有效改善并提高市场整体的流动性，优化资源配置。

盈余质量与股票流动性相关关系的研究，还可以进一步证明我国现阶段的资本市场是否能识别各上市公司的盈余质量，从而验证我国资本市场的有效性。

1.3 研究内容

本书首先对会计盈余质量、流动性的基本含义、主要特征进行界定，在金融市场微观结构理论、信息不对称理论、盈余有用性理论的基本框架内基于我国资本市场采用的指令驱动竞价交易机制，通过建立理论框架，分析盈余质量对股票流动性的作用机制。其次，采用A股上市公司数据，从盈余的三个属性——平滑性、持续性与稳健性——的角度分别度量我国上市公司盈余质量，通过建立股票流动性影响因素实证模型，检验不同盈余质量的度量结果对股票流动性的影响。最后，在总结上述研究结论的基础上，提出合理建议。因此，全书共分为7章，内容如下：

第1章为导论，主要阐述本书的研究背景、研究目的和研究意义，归纳研究的主要内容，梳理研究思路与研究方法，明确研究的主要贡献与不足之处。

第2章为文献回顾。鉴于盈余质量与流动性均是较难定义的概念，以往的文献中从不同角度出发对二者进行了多重定义，本章重新梳理了各种定义，针对本书的主要研究内容界定了盈余质量与流动性的概念。同时，本章对盈余质量与流动性的测度方式也进行了系统的阐述。此外，还从与本书研究主旨相关的流动性的影响因素、信息质量与流动性以及非正常市场状态下流动性相关研究等方面入手，回顾国内外研究现状，在回顾的基础上进行分析和归纳，总结局限性与欠缺之处。

第3章为基础理论与理论基础。本章首先系统阐述了构建本书基础理论所需的理论基础，包括金融市场微观结构理论、信息不对称理论和盈余功用性理论。同时，强调了竞价交易机制在流动性研究中的作用以及在我国开展流动性研究的特殊性。在此基础上厘清盈余质量影响股票流动性的作用机制，并以此作为后续实证部分理论分析的基础框架。

第4章为盈余平滑性与股票流动性。本章用盈余平滑性代表盈余质量。首先界定盈余平滑性与盈余质量的关系。在第3章建立的理论分析框架下，分析盈余平滑性对股票流动性的影响，并根据已有理论建立对立性假设。最后以A股市场上市公司为样本，检验盈余平滑性对股票流动性的影响。鉴于流动性无法直接度量，拟采用相对买卖价差（市场宽度）度量流动性，并采用非流动指标、换手率和零收益率天数等多个反映流动性的维度作为替换变量进行稳健性检验。结果表明，上市公司的盈余平滑性越高，公司股票的流动性越差。经过稳健性检验后，回归结果依然成立。

第5章为盈余持续性与股票流动性。本章用盈余持续性代表盈余质量。首先界定盈余持续性与盈余质量的关系。持续性是盈余的时间序列特征，反映了本期实现的会计盈余在未来各期可实现的可能性。盈余持续性较好，表示盈余的质量较高。以利润总额中持续性较高的营业利润所占比例对持续性进行测度。其次，在第3章建立的理论分析框架下，分析盈余持续性对股票流动性的影响，建立假设。最后以A股市场上市公司为样本，检验盈余持续性对股票流动性的影响。结果表明：上市公司盈余持续性越高，公司股票的流动性越好。也可以理解为投资者通过财务报告能够识别出上市公司盈余持续性的高低。这类上市公司的信息质量较高，信息环境较为透明，交易者在面对这类公司股票时信息不对称程度较低。投资者在接收到这一信号后，能够对股票发出合理的指令报价，同时，这类公司也能够吸引没有私人信息渠道的不知情交易者进行交易，股票交易的活跃程度较高。

第6章为盈余稳健性与股票流动性。本章用盈余稳健性代表盈余质量，同时借鉴Khan和Watts（2007）、邱月华和曲晓辉（2009）设立的稳健性指数度量盈余稳健性。首先界定盈余稳健性与盈余质量的关系。资本市场将稳健性视为提高质量盈余的原则，但也有学者认为稳健性是管理层掩饰操纵利润的工具，稳健性越高，反而盈余质量越低。有鉴于此，本章将样本公司按稳健性的高低分为两组，稳健性较高的一组代表高质量盈余组，稳健性较低的一组代表低质量盈余组，分别检验各组中盈余稳健性对股票流动性的影响。实证结果表明，在盈余稳健性较高的上市公司中，稳健性越高，公司股票的流动性越好。这也可以理解为投资者认为这类公司具有高质量的盈余，信息质量较高，信息不对称程度较低。投资者在接收到这一信号后，能够对股票发出合理的指令报价。而在盈余稳健性较低的公司中，稳健性越高，流动性越差。此外，当将三个盈余特征变量放入同一模型中时，三者的共同作用是对股票流动性产生正面影响。此外，本章从资本市场制度差异、公司股权性质以及机构投资者占比三个角度进行异质性分析，发现在引入融资融券制度后，在国有企业中，或机构投资者占比较高时，上市公司的盈余质量对公司股票流动性的影响更为显著。

第7章为结论与政策建议。本章在总结全书研究结论的基础上，对提高上市公司信息披露质量、促进资本市场更好地发展提出政策建议，并为后续研究指明方向。

1.4 研究思路与方法

本部分主要交代研究的基本思路和主要采纳的研究方法。

1.4.1 研究思路

本书的总体研究思路遵循：概念界定→文献回顾→建立理论分析框架→提出假设与实证分析→小结与研究启示这一基本的研究范式。立足中国资本市场的现实背景，本书以A股2005—2021年的上市公司为研究样本，分析盈余质量对股票流动性的作用机制，检验不同的盈余特征对股票流动性的影响。第4章至第6章基于相同的理论分析框架，从盈余质量的不同维度提出假设并分别进行实证检验。本书的基本研究思路如图1-1所示。

1.4.2 研究方法

本书采用以实证研究为主，规范研究与实证研究相结合的研究方法。

规范研究方法主要采用了文献研究法和归纳演绎的规范方法。通过对盈余质量的经济后果、股票流动性的影响因素以及非正常市场条件下的已有文献进行系统梳理，总结已有文献进展和研究思路，确定本研究的研究起点和方向。

在理论框架的构建方面，本书采用规范研究方法对盈余质量、流动性的内涵进行界定，对资本市场微观结构理论中的买卖价差形成、信息不对称理论以及盈余功用理论进行了系统阐述。在此基础上，结合我国资本市场采取的指令驱动竞价交易制度，构建盈余质量影响股票流动性作用机理的分析框架。

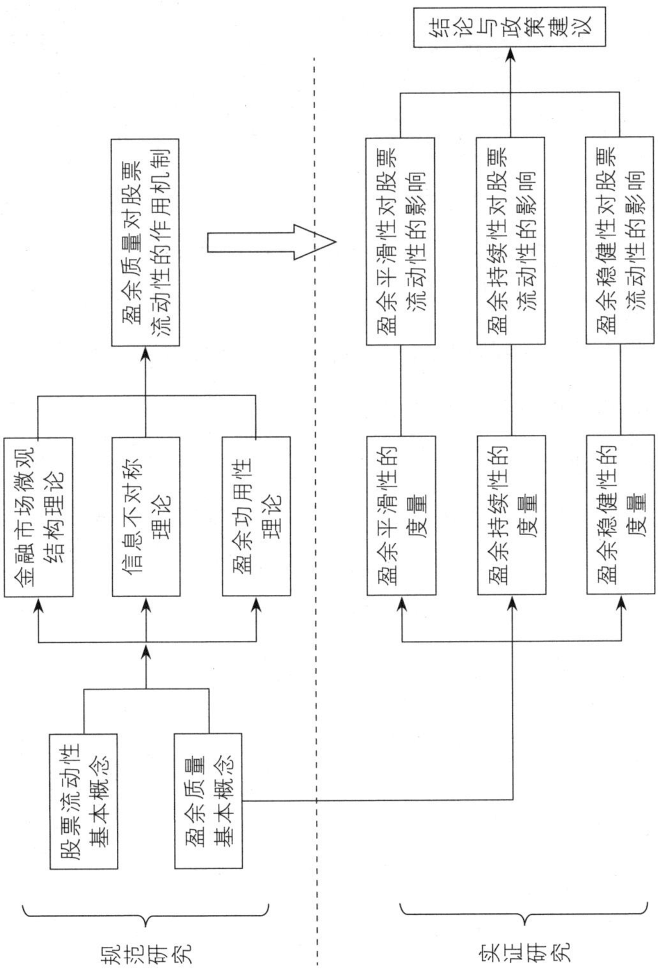
规范研究
股票流动性基本概念
盈余质量基本概念
金融市场微观结构理论
信息不对称理论
盈余功用性理论
盈余质量对股票流动性的作用机制
实证研究
盈余平滑性的度量
盈余持续性的度量
盈余稳健性的度量
盈余平滑性对股票流动性的影响
盈余持续性对股票流动性的影响
盈余稳健性对股票流动性的影响
结论与政策建议

图 1-1　基本研究思路

在流动性、上市公司盈余平滑性、持续性与稳健性的测度、各盈余属性的测度结果与股票流动性的作用效果等几个方面采用实证研究方法，具体采用多元线性回归的方法。

度量上市公司盈余的三种属性，并以此结果作为盈余质量的代理变量。盈余平滑性的测度借鉴了Jones（1991）、Francis et al.（2004）和Lang et al.（2011）的方法，通过盈余与现金流量的标准差和相关性度量盈余的平滑性，以此代表盈余对未来企业经营状况的反映能力。盈余的持续性采用企业盈利能力的波动性度量。盈余的稳健性借鉴Khan和Watts（2007）、邱月华和曲晓辉（2009）的方法计算盈余稳健性系数，即在Basu（1997）度量稳健性的模型基础上，考虑公司规模、市净率和财务风险水平，建立修正的稳健性模型，估计模型残差作为公司/年度的稳健性水平。

在盈余质量与股票流动性方面，建立股票流动性的影响因素模型，除代表盈余质量的控制变量外，将公司盈利性、财务杠杆水平、股票收益率的波动性、市账比、董事会规模等作为控制变量纳入模型中。

在稳健性检验中，采用替换关键变量、聚类回归等方法，保证研究结果的可靠性。

1.5 研究创新与局限性

本书的研究具有一定的创新性，也有不足与局限性，有待在后续的研究中进一步改进。

1.5.1 研究创新

其一，已有的国外文献多是在“做市商”制度下构建信息质量与流动性的理论联系，而国内文献则多是采用高频数据验证信息不对称对流动性的影响。本书在借鉴前人文献的基础上，在我国A股市场所采用的指令驱动竞价交易机制下，分析盈余质量对流动性的作用机制，并为其提供了经验证据。

其二，已有文献证明了盈余管理程度对流动性的影响，本书在此基础上，从盈余特征出发，将三大特征——平滑性、持续性与稳健性——纳入同一分析框架，尝试分析并检验不同的盈余特征对流动性的影响是否相同，以及三者对流动性的共同作用。

其三，提供了验证资本市场是否有效的新的经验证据。盈余质量影响流动性的前提是有效市场假设，即投资者能够识别出高质量的盈余，并将这一信息运用在交易决策中。本书的检验结果证明了这一点，为我国资本市场的有效性提供了新的经验证据。

1.5.2 研究的局限性

本书的研究存在一定的局限性与不足之处，具体如下：

其一，长期以来，国内有关流动性的研究并不多见，其中一个重要原因是中国的资本市场起步较晚，尚处于健全和完善的过程之中，A股市场中充斥着大量以圈钱和借壳上市为目的的垃圾股和以炒作为目的的题材股，投资者盲目跟风，因此无法从A股市场获得足够支撑研究结论的有效数据。这也增加了本书搜集样本数据和证明研究结论的难度。为了将上述问题对研究结论的影响降到最低，本书选取的样本从2005年开始，并拟从观测样本中剔除ST公司、当年上市的公司以及当年有股票增发的公司。如前所述，自2005年开始，中国证监会陆续出台一系列政策进行股权分置改革，自这一年开始，中国的股票市场逐渐步入正轨，市场秩序趋于稳定。此外，本书选取的是公司年度交易数据，单只股票在一段时期内的异常波动不会对样本总体产生显著影响。

其二，股票市场的流动性每时每刻都在发生变化。鉴于流动性的特点，以往有关流动性的研究多采用股票日内的高频数据，即精确到5分钟，甚至1分钟的实时交易数据。而盈余质量是一个时期性的指标，短则一个季度，长则一年，通常是以年报中的盈余数据进行测度。将二者纳入同一个模型之中具有一定的难度。同时高频交易数据的数额庞大，对数据的收集和整理产生了一定的难度。为了使研究具有可行性，本书采用多种度量股票流动性的方式，包括相对价差、交易频度、非流动性指标以及零收益率的相对天数，并根据月度数据估算年度值，以此与盈余质量这一时期指标相呼应，并尽可能丰富流动性的度量维度，提高检验结果的稳健性。但这种方法不够精确，或者说，以年度数据衡量流动性本身具有局限性。

其三，鉴于国内有关盈余质量与流动性的相关文献较少，在基于本书的研究内容建立模型时，可供参考的模型也较少，建立的模型可能存在遗漏重要控制变量的问题。在实证检验时，观察模型的拟合程度，如果拟合程度过低，可能遗漏了重要的控制变量。

2

文献综述

本书涉及两个关键变量，即盈余质量与股票流动性。本章将从两个关键变量的基本概念、测度方式、流动性影响因素等方面进行文献回顾。有关流动性的研究最初起源于二十世纪六七十年代兴起的金融市场微观结构理论。而学者们以及实务界的人士真正开始关注流动性是在1987年欧美股市经历重大的危机之后。当金融危机爆发时，市场中的交易量急剧下降，股票的供求比例严重失衡，交易无法完成，流动性极度匮乏甚至完全丧失。金融市场微观结构理论不仅为人们理解价格发现过程提供了新的视角，为技术分析和投资决策提供了基础性的支持，也为证券市场的交易机制设计提供了理论依据。

可以看出，流动性属于金融学、经济学的范畴，而盈余质量是会计学、管理学中的概念，在回顾文献时，本书尝试梳理各自的已有文献脉络，并重点回顾与本书研究内容相关的文献。

2.1 盈余质量的基本概念

财务报告是企业向外部的各利益相关者展示企业财务状况和经营成果的媒介和载体。财务报告及其附注中涵盖了大量的信息。在其展示的内容中，最被各类利益相关者关注的是会计盈余。会计盈余是最直观地反映企业在一定时期内经营成果的指标之一，具有较高的信息含量（Chen和Dodd，1977；Biddle等，1997；王化成等，2004）。所以使用者在基于大量信息进行分析判断时，可以将盈余作为特定信息的首要资源（Biddle等，1995；Francis等，2010；Liu等，2002）。而实际上，投资者、监管机构等财务报告使用者对盈余的依赖程度也确实比其他综合业绩指标（如EBIT、现金流等）更高（Francis等，2004）。会计盈余是经由会计人员运用会计规则和职业判断，将企业在特定时期内的经营成果，从收入、各项成本、费用中层层剥离出来，呈现在股东和投资者面前。同时，会计盈余是企业在扣除了分配给员工、债权人、政府等利益相关者的支出后，经营净剩余的部分，可以分配给股东，也可以留存于企业内部用于再投资，成为助力于企业未来发展的资金来源。更重要的是，对于股东和潜在投资者来说，会计盈余又是能够预测企业未来收益情况、评价企业内在价值的关键要素。

而所谓的质量，即产品的优劣程度。最被熟知的质量定义来自美国著名的质量管理专家约瑟夫·M. 朱兰（Joseph M. Juran）。他从顾客的角度出发，提出了产品质量就是产品的适用性，即产品在使用时能成功地满足用户需要的程度。[①]可以说，评价产品优劣程度的标准是用户的满意程度，包括在产品的性能、经济特性、服务特性、环境特性和心理特性等方面。

盈余可以被看作企业对外提供的一项虚拟产品，而用户是财务报告的使用者。不同的使用者在使用盈余信息时侧重的关注点不同：投资者注重盈余的预测价值，债权人则更关注盈余的真实性，而政府可能较为关心盈余数量的多寡。而上市公司提供的是涵盖企业全面财务状况和经营成果的通用财务报告，并不会依据不同利益相关者的需求提供专项报告，各利益相关者通过分析通用财务报告的内容，寻求各自所需的信息。而对企业提供的这份“产品”的好坏，不同使用者有不同的评判标准。

盈余质量的概念由来已久，它最早出现在基本面分析方法中。基本面分析形成于二十世纪三十年代，是证券分析师用于分析股票是否具备长期价值投资的一种分析方法。基本面分析考虑宏观经济环境、

---

① JURAN M J. Juran's Quality Handbook (Fifth Edition) [M]. New York: McGraw Hill, 1998, 21-22.

行业整体因素以及上市公司的财务状况、经营情况、发展潜力等。因此，盈余质量一词最初仅是证券业中的一个术语，也是证券分析师的工具之一。二十世纪六七十年代以来，学术界对盈余质量的研究逐渐增加。从最初Ball和Brown（1968）经典的盈余价值相关性研究，到后续与薪酬契约、审计质量、管理层动机，以及公司治理环境等诸多话题、诸多角度的研究，盈余质量一直受到理论界与实务界的多方关注。

盈余质量在财务会计概念框架中有所体现，又是实证会计中常用的基本变量。因此，盈余是最重要的会计信息之一，因此盈余质量的定义要服从会计信息质量的要求。美国财务会计准则委员会（Financial Accounting Standards Board，FASB）在其发布的财务会计概念公告（Statement of Financial Accounting Concepts）第1号中指出，财务报告的首要目标是"为现在和潜在的投资者、债权人以及其他使用者提供其做出理性投资、信贷和相似决策所需的有用信息"。由此可以看出，FASB将决策有用性作为会计信息所要达到的基本目标。1980年，FASB在名为《会计信息质量特征》的第2号概念公告中，第一次将会计信息质量作为一个专门的研究项目系统地进行阐述，明确指出会计信息的总体质量特征是决策有用性。在决策有用性这一基本目标下，会计信息质量需兼具相关性（relevance）和可靠性（reliability）。其中，相关性又细分为预测价值（predictive value）、反馈价值（feedback value）和及时性（timeliness）；可靠性进一步包含可验证性（verifiability）、如实表述（representational faithfulness）和中立性（neutrality）。

随着对会计信息质量特征的研究不断深入和外部环境以及企业自身发展的需求，同时也为了实现在国际范围内推出一套高质量的国际财务会计准则的终极目标，FASB与国际会计准则理事会

(International Accounting Standards Board，IASB）共同提出了联合概念框架这一阶段性成果，FASB于2010年发布了第8号概念公告《财务会计概念框架》，取代原有的第1号和第2号概念公告，同时IASB发布了国际财务报告准则（International Financial Reporting Standards，IFRS）概念框架。联合概念框架依然把对决策有用作为会计信息的基本目标，将相关性和如实反映（faithful representation）认定为会计信息质量应该具有的基本特征。在描述相关性时，认为相关性是指能够使决策者据以做出差别决策的能力。具体而言，相关的信息应该能够使决策者对未来做出预测和判断，同时能够为自己做的决策提供评价和反馈。这样的会计信息便具有了预测价值和证实价值(confirmatory value)。证实价值与第2号公告中提及的反馈价值含义相同，只是表述不同。此外，相关性还包含的一个内容是重要性。重要性是指当某项信息的缺失或造假会影响会计信息使用者做出决策时，这项信息具有重要性。报告主体不同，对重要性的界定范围也不相同。原来第2号概念公告中将重要性作为确认的界限，而在新的概念框架下，重要性成为相关性的一个方面。

有用的财务信息不仅要具有相关性，还应做到如实反映。会计信息的如实反映是指在可能的范围内尽量达到完整、中立和无差错。完整性是指会计信息应包含信息使用者决策所需的所有必要信息；中立性是指在选择和呈报财务信息时应公正无偏，不带任何倾向性，不过分强调，也不过分淡化，不会刻意让使用者认可或不认可某一项会计信息；无差错是指在选择会计方法和会计程序时选择正确，应用无误，在表述某个事项时没有遗漏或误差。无差错并不是指在所有方面都精确无误。例如，有些价格或价值是无法观测到的，无法确定估价是否精确，但只要正确选择并运用了合适的程序和方法，就可以认定估计的价格或价值无差错。

如实反映取代了可靠性成为新概念框架中会计信息的基本质量特征之一。理由是“可靠性”并非一个能够量化的质量特征，衡量可靠性的标准也一直很模糊。而如实反映包含了可靠性所要传递的主要内容，又能够被准确地理解和衡量，因此在新的概念框架中虽未提及可靠性，但体现了可靠性的实质内涵。

除了上述两个基本的质量特征外，联合概念框架中还提出了另外四项提高会计信息决策有用性的质量特征，这四项质量特征在满足基本特征的前提下，提高会计信息决策有用的条件和要求，包括可比性、可验证性、及时性和可理解性。由此可以看出，与第2号公告中将所有信息质量特征混杂在一起不同，新的概念框架将信息质量分为两个层次，会计信息必须满足第一层次的基本特征，在此基础上尽量符合第二个层级的信息质量要求。可比性是指会计信息能够使使用者识别和理解不同项目的相似或不同之处，可以是前后各期之间的比较，也可以是同一时期不同报告主体之间的比较。可验证性是指不同的信息使用者对同一项会计信息的理解能够达成一致。验证的过程包括直接观察得到的，如现金的持有量，以及采用同样的模型、公式，输入相同的变量，通过重新计算得到不变的结果。及时性是指能够使使用者及时获得足以影响其决策的信息。通常情况下，信息越陈旧，有用性越低。可理解性是指会计信息能够通过清晰而简洁地分类、提炼最终呈报给使用者，这样的会计信息是可理解的。当然，会计信息可理解的前提是使用者对商业和经济活动有一定了解，并能够花费时间研读和分析财务报告。即便如此，对于某些过于复杂的经济现象，使用者仍需要专家的帮助读懂会计信息。

在我国2006年颁布的《企业会计准则》中，基本准则的第二章“会计信息质量要求”对会计信息质量做出了规定，基本原则包括可靠性、相关性、可理解性、可比性、实质重于形式、重要性、及时性以及谨慎性。可以看出，我国会计准则对会计信息质量的要求与修改之前FASB的第2号概念公告较为接近。在权衡相关性与可靠性原则时，更倾向于后者。新的概念框架中未提及谨慎性和实质重于形式的原则，原因是“如实反映”这一新的基本质量特征已具有实质重于形式的内涵，同时，不再强调谨慎性原则，而是应公正无偏地反映交易事项。随着我国会计准则在未来与国际会计准则的全面趋同，对会计信息质量特征的要求也将进一步靠近新的概念框架中的要求。

准则也好，概念框架也好，都是为了规范和统一企业对外提供的财务报告的信息质量而设定的标准。会计盈余并非通过会计处理直接反映某个交易或事项，而是以收入为起点，通过扣减各项成本、费用之后间接获得的反映企业一段时期内经营成果的指标。保证盈余质量的前提是计算盈余的各个会计项目也必须真实可靠，满足概念框架中提出的各项信息质量特征。

综上所述，盈余的质量取决于其能够为某项决策提供经营成果信息的程度。信息越相关、越真实，盈余的质量越高。

2.2 流动性的基本概念

流动性的本义是指一项资产能够以合理价格顺利变现的能力。直观而言，股票市场中的流动性可以简单理解为市场中等待交易的股票能够顺利转手的能力。很难将这种直观的含义抽象为严格的理论。流动性反映的是市场在某一时刻所处的状态，历来学者们对流动性的定义都随着强调的方面不同而有所侧重。关于流动性的定义，最早可追溯到凯恩斯《就业、利息和货币通论》中的描述：市场价格将来的波动性。Hicks（1962）将其定义为交易立即执行的可能性。Black

（1971）认为流动性的市场具有以下特征：买卖报价总是存在，同时价差足够小，小额交易可以立即完成且不对价格产生重大影响。Kyle（1985）指出，市场买卖价差越小，表示立即执行交易的成本越低，市场流动性也越好。Lippman和McCall（1986）则将流动性定义为：若一资产能以可预测的价格快速出售，则称资产具有流动性。Grossman和Miller（1988）指出，我们可以通过看“当前报价和时间下执行交易的能力”评价一个市场的流动性。Schwartz（1988）认为流动性是证券持有人能够快速的以合理的价格成交的能力。Amihud和Mendelson（1989）认为流动性可从两方面来评估：在特定时间内完成交易所需的成本，或寻找一个理想价格所需的时间。Massimb和Phelps（1994）把流动性概括为为进入市场的订单提供立即执行交易的一种市场能力（通常称为“即时性”）和执行小额市价订单时不会导致市场价格较大幅度变化的能力（通常称为“市场深度”或“弹性”）。Glen（1994）认为流动性应表现为迅速交易且不造成大幅价格变化的能力。O’Hara（1995）将流动性定义为立即完成交易所需的成本。

从上述众多定义中可以归纳出，流动性涉及股票的成交价格、交易时间和交易量三个基本要素，代表了不变价格交易的能力、及时交易的能力以及大量交易的能力。良好的流动性体现出这样一种市场状态：交易者能够迅速完成一定量的交易，股票价格受到的冲击较小，并且能迅速恢复。

Harris（1990）提出了流动性的四维理论，他认为流动性存在四个维度：市场宽度（width）、市场深度（depth）、即时性（immediacy）和弹性（resiliency）。这四个维度包含了流动性的所有特征，在实证研究中度量流动性的指标也是基于这四个维度构建的。四个维度既紧密相联又相对独立。

市场宽度是指交易价格偏离市场中间价格的程度。交易价格指买方或卖方的报价。市场宽度反映了流动性中的交易成本因素。衡量市场宽度常用的指标是买卖价差。当其他条件一定时，买卖价差越小，流动性越高。当买方与卖方的报价相等，买卖价差为零时，以宽度衡量的流动性达到无限大，此时交易者可按照同一价格实现买卖。

市场深度考虑的是交易量的因素，是指在特定价格上存在的订单总数。其中，特定价格通常是指最优的买卖报价，即最终买卖双方达成的报价。订单数量越多，市场越有深度；反之，订单数量越少，市场越缺乏深度。市场深度反映出某一特定价格水平（多指最优买价或卖价）上的可交易的数量，体现了交易量对价格的冲击，即价格的稳定程度。当市场深度较大时，一定数量的交易对价格的冲击相对较小；相反，当市场深度较小时，同等数量的交易对价格的冲击较大。

即时性体现了交易时间的因素。在其他条件一定时，交易完成得越为迅速，流动性越好。即时性意味着交易者交易的意愿能够迅速达成。但在任何一个证券市场，除非存在价格限制的机制，只要投资者愿意接受极为不利的条件，交易便能够迅速达成。此外，交易时间的长短很难衡量，因此，即时性一般不作为单独的指标独立存在。

弹性是因交易引起的价格波动回复到原来水平的速度，或者委托单不平衡的调整速度，即由于一定数量的交易导致价格偏离均衡水平后恢复均衡价格的速度。由此可知，在其他条件不变的情况下，价格恢复到原始水平的速度越快，流动性越高。也可以解释为，当临时性的订单不平衡导致价格发生变化后，新的订单立即大量进入，则市场具有弹性；反之，订单流量对价格变化的调整缓慢，市场缺乏弹性。目前对于弹性的度量并未有统一的标准。

流动性是上述四个维度的综合体现，然而，这四个维度在衡量流动性时可能彼此之间存在冲突。例如，在某一特定时刻，买卖价差通常是委托单数量大小的增函数，因此市场宽度和市场深度是不独立的，市场深度越大，宽度越小，反之亦然。如果一笔交易不需要立即执行，则在现行报价上，可以获得较好的报价或者进行大额交易，因此市场宽度和深度之间的联系也取决于即时性。

2.3 盈余质量的测度

本章从信息质量的角度给出了盈余质量的定义。而已有文献中度量盈余质量的方式有很多，包括从盈余质量的概念、盈余特征的角度，从投资者的角度等。

2.3.1 从盈余质量概念角度的测度

从盈余质量的概念出发，可以用会计盈余与真实盈余的接近程度来判断盈余质量。最常用的方法是应计项目分离法。应计利润可分为非可操控性应计项目和操控性应计项目。在此基础上，将非可操控性应计项目从总应计项目中分离出来的方法称为应计项目分离法。以此方法建立了多个模型，有代表性的主要包括Healy模型（1985）、DeAngelo模型（1986）、Jones模型（1991）以及修正的Jones模型、DD模型（Dechow和Dichev，2002）和Roychowdhury模型（2006）。其中，Healy认为，会计收益可以分解为应计利润和经营活动现金流量，而Healy主要是以总应计项目的变化来度量操控性应计项目，然而，Healy模型也有其不可忽视的缺点，因为其忽略了应计项目中的非可操控性利润。DeAngelo模型假设应计利润中的非可操控性利润随机游走，并用总应计利润的变动作为代理变量，在此基础上建立模型以检测盈余管理幅度。Jones模型以收入的年度变化来控制企业的经济环境的变化，以固定资产的变化来控制折旧费用。模型估计的操控性利润越高，说明盈余数据越缺乏可靠性，也就是盈余质量水平越低。此外，另一个代表性的模型，DD模型（Dechow和Dichev，2002）认为，应计利润的质量水平可以用流动性应计项目与经营活动现金净流量的匹配程度来衡量，如果两者的匹配程度低，则代表盈余质量差。Roychowdhury（2006）另辟蹊径，从企业可能进行盈余管理活动的业务出发，如通过销售折扣或者相关的信用政策等手段，提高企业当期利润，但是当期的经营活动现金流量不足，因此可以用操控性经营活动净现金流量来衡量。企业为了提高当期利润而不惜削减销售、管理费用及研发支出的，可以用操控性酌量费用进行衡量。当企业为了提高当期利润而扩大生产，降低单位产品成本，提高产品的边际利润时，可以用操控性产品成本来衡量。实际值与理想值的差额越大，说明企业通过操控真实经济活动进行盈余管理的程度就越高，盈余质量就越低。

2.3.2 从盈余特征角度的测度

盈余具有的特征包括持续性、平滑性、稳健性和及时性等。鉴于盈余质量测度存在一定难度，许多实证研究以盈余的某一特性代表盈余质量展开研究。

（1）盈余的持续性。盈余的持续性实质是盈余的可重复特征，即盈余在未来各会计期间重复发生的可能性。①Choi（1995）把持续性定义为当期盈余能在未来保持或提高的可能性，因为持续性较高的盈余信息能够提高预测未来盈余的准确程度，具有较高的预测价值，符合会计信息质量的要求，因此具有持续性的盈余质量较高。

① 王化成，等. 中国上市公司盈余质量研究［M］. 北京：中国人民大学出版社，2008.

根据持续性的特征，可将盈余持续性分为永久性盈余、暂时性盈余和价格无关盈余。其中，永久性盈余的持续性最高，预期在公司的未来会计年度中会持续发生；暂时性盈余的持续性最低，仅在当期发生，而在未来会计年度中不会发生；价格无关盈余主要源于公司的会计变更，会影响当期盈余，但不会改变公司的现金流量分布，因此不会影响公司价值。

盈余的持续性和可预测性越高，盈余质量越高。现有国外的许多研究成果都表明，若一个企业的盈余对市场而言有比较好的预测能力，年度之间波动性弱，也就是说可以较为稳定和持续地发展，则被认为是高质量的盈余。稳定性、有较强的预测能力及可持续被认为是反映盈余时间序列三个非常重要的指标（Foster，1977；Watts 和 Leftwich，1977；Beaver，1970；Griffin，1977；Baginski 等，1999；Richardson 等，2005；Zhang，2007）。鉴于此，可以采用盈余的时间序列模型检验盈余质量。

（2）盈余的平滑性。权责发生制的一个基本原则便是盈余的平滑在现金收支确认时限内的随机波动，这一原则使得盈余比现金更能反映企业的经营业绩。尽管概念框架中并未把“平滑性”视为会计信息质量的必要特征，也不是应计会计处理过程中的一项目标，但应计制下的盈余的确能够在有限期间内报告会计信息时减少现金收入与支出存在的不匹配的问题。平滑性是应计制的产物，旨在提高决策有用性，而非应计制的终极目标。

盈余平滑性的出现源于准则制定机构选择权责发生制，而非收付实现制作为会计核算体系的基础。这种做法的前提假设是权责发生制比收付实现制更能准确反映出企业的基本财务状况和经营成果。造成平滑性的应计项目能够掩盖或拖延对某些影响财务状况或经营成果的项目变动的确认和计量，而实际上揭示这些项目是对决策有用的。因此，平滑性事实上并不完全代表更加决策有用或者盈余质量更高。管理部门利用其掌握的私有信息平滑盈余中的短暂波动，以披露更有代表性、对决策更有用的盈余，向外界展示其掌握的有关公司未来前景的私有信息。管理部门的动机有两种：一种是提高盈余质量，对外披露不稳定的盈余会损害盈余的可预测性，最终反映在股价中，因此管理层有意平滑盈余中的短暂波动，对外展示其对公司未来盈利具有的信心；另一种是机会主义的行为，管理当局掌握的私有信息不能表明公司未来有稳定的盈利，但为了薪酬计划或短期达到稳定并提升股价的目的而平滑盈余。对这两种动机需要予以区分：前者代表了优质的盈余，而后者恰恰相反，并不能对决策有用，不是优质的盈余。

因此在通过盈余的平滑性证明盈余质量时，应区分两种动机，将企业正常经营的平滑部分与管理层操控的平滑部分分离开来，前者代表高质量的盈余，后者代表劣质的盈余。①

盈余平滑性基本从两个角度来度量。根据Leuz等（2003），第一种度量方法是会计利润与经营性净现金流波动性之比，即利润标准差除以经营性现金流标准差；第二种度量方法是采用经营性现金流与应计项目的相关性代表盈余的平滑性。两种方法的共同前提是经营活动产生的净现金流是盈余平滑前的替代变量，而管理当局主要通过应计项目平滑盈余。

（3）盈余的稳健性与及时性。将稳健性与及时性并列而谈，是因为二者都是依据信息的反应速度来衡量盈余的质量。二者的区别是稳健性区分了盈余对好消息与坏消息的反应差异，而及时性未对二者进行区分。及时性一直是IFRS概念框架以及美国概念公告中定义的会计信息质量特征要求之一，稳健性在概念框架修订之前是信息质量特征，在新修订的联合概念框架中未提及稳健性，而是改用“如实反

① 具体方法参考Lang（2011）。

映”。随着经济形势的不断演变，不断涌现出的价值波动巨大的金融工具、金融衍生品，为会计确认和计量提出了新的挑战。为了应对历史成本计量无法满足新的金融产品的计量需求这一难题，IASB和FASB在新的概念框架中强调了“如实反映”这一原则。稳健性意味着会计人员在运用职业判断时，应低估资产、高估负债，及早确认损失，收入的确认相对晚一些。这与“如实反映”的基本原则并不矛盾。同时，稳健性要求企业审慎确认收入，以此应对瞬息万变的经济形势。

对于稳健性和及时性，Basu（1997）提出了经典的度量方法。他采用盈余反转模型，将回归中坏消息的系数与好消息系数的比值作为盈余稳健性的度量指标。对于及时性，则用反转模型的拟合优度R^2代表，拟合优度越高，盈余对经济收益的反映越及时。Ball等（2000）将盈余的及时性和稳健性统称为会计盈余的透明度。

通常来说，及时确认损失能够提高财务报表总体上的有用性，但也有学者提出，“洗大澡”（Big Bath）、创造性购并会计（creative accounting）以及各种减值准备的盈余管理行为也会造成资产低估这一稳健性的表象。上市公司有动机利用稳健原则操纵利润以避免被ST或退市。因此，在用稳健性或及时性的程度代表盈余质量时，应将有机会主义动机的上市公司剔除出去，确保结果的准确性。

国内大部分学者亦是从盈余信息的质量特征入手，作为上市公司盈余质量评价的基础。周浪波（2002）从盈余的质量特征入手对上市公司盈余质量评价问题进行了研究，他认为应当从盈余的真实性、盈余的现金保障性、盈余的持续性、盈余的稳定性、盈余的安全性五个方面对公司的盈余质量进行合理评价。苟开红（2005）从盈余质量概念出发，以财务会计概念公告第2号为基础，从盈余数据的相关性和可靠性两个方面构建了上市公司的综合盈余质量指数（comprehensive earnings quality index，CEQI）。在概念公告框架上建立的盈余质量综合评估模型可以帮助投资者从预测价值、及时性、无偏性和表象真实性四个维度来对盈余质量进行分析，从而更加全面地了解上市公司披露的盈余数字的信息质量。李宇清、徐旭、曾繁荣（2008）指出，要充分把握盈余质量的特征，必须全面了解会计信息，因为会计的盈余信息从属于会计信息，所以盈余的质量特征也从属于会计信息的质量特征。会计信息最重要的质量特征是决策有用性，而决策有用性是通过相关性、可靠性、可比性、一致性、效益性及重要性等不同层次的若干个质量属性来保证的，相关性及可靠性是会计信息的首要质量特征，同时具有预测价值、反馈价值和及时性的会计信息才是相关的会计信息，也只有反映真实并同时具有可验证性及中立性的会计信息才是可靠的会计信息（FASB，1985）。决定盈余预测价值的特征是盈余的稳定性、成长性和安全性，而推导出能检验这三个特征的因素是盈余的可靠性、安全性、营运性、现金保障性、真实性和可扩张性。其中可靠性是指反映债权人资产的安全程度；安全性是指企业各期盈利持续发展的稳定程度；营运性是指企业经营运转的能力；现金保障性是指企业的账面盈利伴随有相应的现金流入；真实性是指企业账面盈利与真实盈利之间的吻合度；可扩张性是指企业的成长、持续发展的能力。一个良好的企业盈余至少应该包括以上六个方面。相应地，对于公司盈余质量指标体系的建立应从这六个方面着手。

2.3.3 从投资者角度的测度

所谓投资者角度，即从资本市场的角度，通过识别会计信息中对预测未来现金流量作用有效部分占比的高低，判断盈余质量的高低。这一定义背后的依据是会计目标的决策有用性。对投资者来说，能够显著影响并提高其决策效果的会计信息就是高质量的信息。

Holthausen和Verrechia（1988）将盈余质量定义为盈余信息中存在的“噪音”程度。“噪音”是指信息中与价值无关的部分。“噪音”越大，盈余信息所具有的信息含量越低，盈余质量越低。

基于上述原理，已有文献通过分析上市公司公布盈余信息时投资者，即市场的反应判断盈余信息中“噪音”程度的高低，从而确定盈余质量。投资者对盈余的反应程度可以通过两种方式度量：一种是盈余反应系数（earnings response coefficients），即超额收益-未预期盈余模型的回归系数；另一种是用该模型的拟合优度R^2代表。Holthausen和Verrechia（1988）检验了有关ERC决定因素及经济后果的相关理论，证明可以用ERC代表盈余质量。Liu和Thomas（2000）提供了更直接的证据证明ERC是盈余质量的代理变量。

将会计信息与市场反应联系起来的研究始于Ball和Brown（1968）以及Beaver（1968），这些文献通过研究证券市场对盈余的反应来推测盈余的质量。从这些文献中可以看出，当投资者改变对证券的估值时，盈余信息与证券市场的各种属性有相关关系，如盈余宣告日前后长窗口的收益率、交易量以及波动性，于是得出结论：盈余中的信息与投资者估值决策中运用的信息存在相关关系。但值得强调的是，盈余信息质量的决策有用仅限于投资者的估值决策，与债权人等其他财务报告使用者的决策是否相关仍不能确定。

国外学者（Collins和Salatka，1993；Altamuro等，2005；Loudder和Behn，1995）使用盈余市场反应系数（ERC）来评价资本市场对期望盈余的反应，并比较了不同的准则或不同会计处理方法下的财务报告所传递的盈余质量水平。这一方法被称为市场评价法，这种评价盈余质量的方法着重从财务报告所含信息含量的有用性角度来衡量盈余质量。上市公司股票的超额回报相对于该公司财务报告中所反映的非预期盈余的反应程度称作盈余反应系数，ERC越高，盈余质量水平越高，反之亦然。许多学者都把盈余反应系数作为评价盈余质量的一个重要指标（Collins和Salatka，1993；Pincus，1993；Dharan和Lev，1993；Loudder和Behn，1995；Liu和Thomas，2000；Altamuro等，2005；Hanlon等，2008）。

此外，通过资本市场的反应衡量盈余质量存在着局限性：其一是市场是否足够有效，能够使信息充分为投资者所获得；其二是若盈余信息与其他信息同时传递给投资者，很难区分市场的反应是针对哪类信息，这些信息“噪音”会对研究结论造成干扰。

2.3.4 其他间接方式

盈余质量的高低取决于在计量并最终确认会计盈余的过程中，是否遵循了会计准则、公司制定的会计制度，满足了会计信息所需具备的各项质量特征。因此，有许多间接证据能够体现企业的盈余质量。通过注册会计师对企业财务报告发表的审计意见，或是企业是否自行披露，或由审计师的鉴证意见披露出的内部控制缺陷，抑或是企业在公布年报之后又发生了会计重述，这些证据都会间接说明企业是否严格遵循了会计准则，进而表明企业盈余质量如何。

一个普遍认同的观点是，由IASB制定的国际财务报告准则和FASB制定的公认会计原则（GAAP）代表了高质量的财务报告准则。Barth等（2008）通过对21个国家准则执行情况的研究表明，按照国际会计准则报告的会计信息质量较高。但也有学者的研究表明采用IFRS并未显著提高盈余质量（Daske，2006）。同样，我国于2006年颁布了新的企业会计准则，新准则与国际财务报告准则更为趋同。此后，涌现出许多对比准则实施前后盈余质量变化的研究。谭洪涛和蔡春（2009）证实在新准则实施后，我国上市公司在收益平滑限制、巨额损失确认及时性、价值相关性方面有显著的提高。

注册会计师作为独立于企业的第三方，通过对企业的财务报告进行审计，发布审计意见，为企业的会计信息质量提供合理保证。而“非标”的审计意见表示企业的财务报告并非真实公允，会被投资者视为企业盈余质量低下的负面消息（Lev，1993）。而由国际四大会计师事务所出具的无保留意见，表示企业遵循了会计准则，采用了正确的会计方法和合理的会计估计，盈余具有较高的质量。余怒涛等（2008）证实了审计意见与盈余质量之间的显著相关关系。

在美国证券交易委员会于2002年颁布了《萨班斯-奥克斯利法案》之后，美国国内的许多研究开始采用内部控制缺陷作为会计盈余质量的代理变量。《萨班斯-奥克斯利法案》的404条款要求美国上市公司在年报中披露其内部控制结构及程序的有效性，并要求注册会计师对此发表鉴证意见。而在此之前，只有在更换审计师时，公司才会披露内控存在的缺陷。相关的研究也证明了内控质量与盈余质量之间正相关的关系（Doyle等，2007a；Ashbaugh-Skaife等，2008）。

而在中国，财政部等五部委于2008年制定并颁布了《企业内部控制基本规范》，2010年发布《企业内部控制配套指引》，为全面开展内部控制的建立和完善提供了指导和依据。而证监会以及上海证券交易所、深圳证券交易所自2007年开始，便相继发布了《上市公司内部控制指引》，作为企业进行内部控制自我评价的依据，并鼓励上市公司发布内部控制自评报告，对外披露内部控制的建立健全情况。此外，还鼓励上市公司聘请会计师事务所在财务报告中对内部控制的情况出具评价意见。自2007年开始，两家交易所对上市公司内部控制自我评价报告的披露要求逐渐从自愿披露过渡到强制披露，同时从鼓励聘请审计师发表评价意见逐渐转向要求必须聘请审计师发表评价意见。上市公司对自身财务报告内部控制有效性的认定、独立第三方发表的鉴证意见，都可以间接反映出公司盈余质量的高低。国内的学者也借着内控规范、内控指引出台的时机，研究了内部控制对盈余管理的影响，但并未得出统一结论：二者无关联（张国清，2008）；内控鉴证可以提升盈余质量，高质量的内部控制能够有效抑制盈余管理（张龙平，2010；方红星和金玉娜，2011）。

会计重述是指由于会计人员在会计核算过程中无意或有意产生的差错，对已公告的财务报告中存在的虚假性、误导性或遗漏性的信息进行修改和补救的一种行为。企业发布会计重述表明在上期的会计计量和确认过程中发生了有悖于会计准则的差错。这种差错可能源于管理层的机会主义行为，也可能仅仅是无心之过。许多研究将会计重述认定为一种盈余管理的机会主义行为，并且将重述的发生与盈余管理的动机联系在一起（Richardson 等，2002；Livnet 等，2004；Callen 等，2008）。但会计差错的产生是会计人员的无心之过抑或有意为之，如果不能将两者进行区分，单纯用会计重述代表盈余管理，或者是盈余质量的变量，得出的结论并不能令人信服。国内针对会计重述的研究较少。

综合分析当前国内关于盈余质量的研究成果可以发现，大多数学者都是从某一特定的角度对企业盈余质量进行评价，系统和整体研究盈余质量的学者还较少。虽然近年来，有一些学者提出了多指标评价模型，但在具体指标的选取上，还不够准确和科学，权重的赋予方法也有待进一步改进。

2.4 流动性的测度

最早有关流动性测度的文献可以追溯到 Tobin（1958），他提出用卖方立即持有的金融资产可能损失的程度表示资产的流动性。从已有文献中可以看出，既有依据流动性的各个维度进行测度，也可以综合各维度的特征设计统一指标。针对流动性所代表的不同层级以及不同时限，亦有不同的测度方式。

2.4.1 依据流动性四维的测度

前文已述，已有文献多利用流动性具有的四个维度所代表的流动性的某一方面的特征进行度量。其中，尤以市场宽度、深度和弹性度量流动性的文献居多。通常以买卖价差、交易量或换手率分别代表市场的宽度和深度。根据其与流动性的关系，买卖价差越大，流动性越差；成交量越小、换手率越低，流动性越差。对于买卖价差，有相对买卖价差与绝对买卖价差之分。

Roll（1984）提出了用价差估计模型度量流动性的方法。Garbade（1985）采取宽度、深度和弹性三个指标衡量流动性。Kyle（1985）把流动性分解为三个指标：紧度、深度和弹性，并提出买卖价差是市场流动性最重要的衡量指标。Hasbrouck和Schwartz（1988）基于市场效率系数构建了一个即时交易成本衡量模型。Hasbrouck（1993）提出了一种建立在市场有效前提上的价差估计模型。Handa和Schwartz（1996）构建了一个以市价订单和限价订单的报酬差异衡量流动性的机会成本模型。Black（1998）定义市场深度是价格对交易量的一阶偏导数。Glosten和Harris（1988）提出了一个基于交易成本的流动性衡量模型。Chordia（2000）提出了相对宽度和相对有效价差的度量方法。Engle和Lange（2001）提出了市场深度的动态预测模型。Amihud（2002）提出了用绝对股票收益对交易金额的比例来度量非流动性的方法。近年来的研究关注流动性的一阶矩，即单只股票的流动性，尝试用有关风险的理论解释盈余宣告后的漂移现象。Sadka（2006）表明这种异常与流动性的波动相关。

杨朝军等（2001）在上海证券交易所联合课题中提出了个股的宽

度、深度和弹性等概念。蒋涛（2001）的研究比较了国外报价驱动交易机制与中国深沪证券市场指令驱动交易机制的区别，接着定义指令驱动交易机制下的流动性定义。通过大量股票样本实时交易数据的经验分析，认为单独地基于交易量给出的统计量，如换手率等，会丢失太多的流动性信息；基于交易量和价格两个序列得到的统计量能反映流动性特征，交易量与价格序列是相互影响的，交易量是通过收益率的波动影响价格的。冯芸等（2002）利用换手率构建了流动性相对度量指标，刘海龙（2002）则分别利用成交量和换手率构建了“深度”和“影响力”指标来反映流动性。

总体而言，国内外对“深度”指标的构建基本上使用绝对交易量，国外综合流动性指标也是用绝对交易量，而中国学者在研究中构建的综合流动性指标大多采用相对交易量（换手率），甚至有人直接用换手率反映流动性，进而认为中国证券市场流动性大大超过了西方成熟市场。

王春峰等（2002）利用 Amihud（2002）的非流动性替代指标检验了截面和时间序列两个维度的沪市市场流动性与股票收益率之间的关系。仲黎明等（2003）利用波动性调整后的换手率指标对中国上海证券交易所、深圳证券交易所以及美国纽约证券交易所的流动性水平进行了度量。陈启欢和杨朝军（2005）构建了综合性的流动性指标的计量模型，能够克服单一指标的缺陷，全面地刻画价、量和时间三方面的因素。

2.4.2 依据流动性不同层次的测度

流动性的概念具有广泛的内涵，同时又可从横截面和时间序列两方面分为不同的层次。根据横截面特征，流动性可以分为市场流动性、投资组合的流动性和个股流动性三个层次。对个股流动性的考察是最基础的，目前已有文献中大部分是对个股流动性的研究。三个层次之间既有区别又有联系。个股流动性强调流动性的特性，市场流动性囊括了所有个股的流动性，体现了其共性特征。对市场整体流动性的考察不仅可以了解流动性共性及其变化特征以及流动性共性与特性的关系，还能够对不同地区股票市场和同一地区不同类型股票市场的流动性进行比较分析。投资组合的流动性介于两者之间，大多数投资者，尤其是机构投资者往往持有的是一个投资组合，他们更关心组合中股票的流动性及它们之间的相互影响。个股流动性是度量投资组合流动性以及市场流动性的基础。对个股流动性的简单平均或加权平均即可得到投资组合或市场总体的流动性。

而根据时间序列特征，流动性具有期限性。流动性既可以指一个时期内的流动性，也可以指某一时点的即时流动性。时期流动性是指一段时间内股票体现出来的流动性数据特征，短则以月为单位，长则以年为单位。时点流动性是指在交易的某一时刻体现的流动性，需要利用股票的高频数据，包括分笔成交与委托数据。在连续竞价交易市场，即时流动性很难刻画，高频数据的数据量很大，获取与建模的困难性使得在我国股票市场很难开展即时流动性的研究。通常采用一段时期内流动性的中值或均值作为时期流动性。鉴于本书的研究目标与研究内容，盈余质量对流动性的影响是发生在一个时期内的，而非仅针对某一个时点或时刻产生影响。因此，本书理论和实证部分所描述的均是个股的时期流动性。

2.5 流动性的影响因素

影响流动性的因素有很多种，现有的文献讨论的流动性的影响因素主要集中在微观层面上。具体来说，交易者的构成、交易行为、市场交易机制、交易信息的透明度等对市场流动性会产生重要的影响。然而影响流动性最直接、最基本的因素是市场交易机制和投资者行为。许多影响因素是通过影响市场交易机制和投资者行为，间接对流动性产生影响。

随着行为金融理论的兴起，越来越多的学者研究了交易者行为、心理等对流动性的影响。Muranaga和Shimizu（1999）的研究表明交易者对证券的持有期、风险厌恶程度、交易者对其未来预期的自信度以及他们对市场环境的敏感度都会对市场流动性产生重要的影响。市场参与者（交易者或投资者）的行为对股票市场流动性具有直接的影响。Baker和Stein（2001）将市场流动性与非理性投资者的数量直接联系在一起，认为市场非理性投资者增加将导致市场流动性增加。Chordia，Sarkar和Subralvnanyam（2002）发现流动性具有自我加强的特征，即市场参与者发现流动性的分布特点，就会选择在高流动性时段进行交易，努力避开流动性不高的交易时期，从而进一步降低了这个时期的流动性。这一点与心理学上的羊群效应类似。Engle和Lange（2002）的实证研究发现投资者的耐心程度在很大程度上可以影响投资者的流动性成本，证明交易行为在影响市场流动性方面具有重要作用。

还有部分学者研究了上市公司基本面信息对流动性的影响。Helfin和Shaw（2000）认为股权集中度对流动性有影响，发现高股权集中度的上市公司买卖价差更大、报价深度更低。Lee等（1994）、Koski等（1999）、Anshuman和Kalay（2002）等研究了公司股票流通盘规模、公司收益、股利分配政策等对流动性的影响。

由于我国证券市场的发展起步较晚，关注股票流动性的文献远不如国外丰富，主要的文献集中于通过日内影响流动性的市场因素。

杨之曙（2000）研究了沪市日内买卖价差的决定因素。研究表明买卖价差受交易量、平均交易量大小、方差、股票价格和公司规模的影响。穆启国、刘海龙和吴冲锋（2003）在对中国证券市场的实证研究中，发现涨跌幅限制对流动性的影响依限制幅度而定。靳云汇等（2002）分析了交易量、收益率波动和股票价格等因素对流动性的影响，发现上海股票市场中交易量、收益率波动和股票价格等因素对流动性均具有显著的解释能力。许睿等（2003）构造了一个流动性指标，从整体上衡量中国证券市场的流动性。在该指标的基础上，采用统计、非参数假设检验、回归等方法对一些重大的政策、事件和市场因素对整个市场流动性的长远影响做了定量的分析，得到了一些在统计上显著的结论。为了研究深度的决定因素，杨之曙和李子奈（2003）通过建立平行数据模型，发现对于深度日内图形的变化可以有三种理论来解释：第一种是信息不对称理论，第二种是周期性的需求增加理论，第三种是垄断做市商的垄断力理论，因此深度图形的变化很可能是三种因素共同作用的结果。万树平（2006）也通过多元回归模型研究了交易量、股票价格、波动性和流通盘的大小与各项流动性指标的影响，通过对上海证券交易所的交易数据进行实证，表明上海证券市场，交易量、股票价格、波动性和流通盘的大小对流动性各项指标都有显著的解释能力。张晓蓉等（2007）使用超高频数据，并利用流动性深度指标，研究流动性的动态特征、影响因素以及检验市场微观结构理论，结果支持基于信息不对称下的市场微观结构理论。董锋和韩立岩（2006）探讨了2003年12月8日买卖报价披露由3个最优报价扩大为5个以及市场透明度提高对深圳A股市场流动性、交易成本和市场波动性的影响。机构投资者关注度（胡淑娟等，2014）和债务违约风险（谭春枝等，2020）也会对流动性产生影响。完善的投资者保护通过减少外部投资者的管理征收金额、提高市场信息的效率，形成改善投资者决策、协调管理者与投资者利益的动机，进而促进股票流动性的提高（Huang等，2020）。

2.6 盈余质量的经济后果

相比探讨盈余质量影响因素的研究，以盈余质量作为影响因素，分析其经济后果的文献较少。已有文献主要从对信息不对称程度、资本结构与资本成本、交易者行为等产生的影响进行研究。具体来看，盈余质量越差，信息不对称程度越高，且这种负相关关系对规模较小的公司更加显著（张席鑫，2013）。上市公司的会计盈余质量越高，其实际资本结构偏离最优资本结构的幅度越小，资本结构越合理；会计盈余质量的上升会显著加快资本结构调整速度（邹萍，2014）。盈余质量越高，资本成本越高，特别是对于资本成本较低的公司而言。然而，对于资本成本极高的公司，盈余质量可以降低资本成本（Hsiao等，2021）。盈余质量较低的公司的股权成本较高（Ben-Nasr和Mohammed，2014）。盈余质量作为公司现金持有决定因素的重要一环，探讨了收益的性质（正或负）和财务披露水平等因素，随着盈余质量的下降，公司倾向于持有更多的现金（Farinha等，2018）。单独考虑的每个基于会计的收益质量代理与权益成本之间存在显著的负相关关系，在金融危机期间，盈余质量和权益成本之间的关系比危机前更加突出（Eliwa等，2016）。当盈余质量信息较高时，公司的代理成本较低（2016）。盈余质量还会对企业的价值产生影响，盈余质量与企业价值呈正相关关系（Dang等，2020）。

盈余质量通过影响融资成本，进而对投资效率产生相应影响。盈余质量影响投资效率分为直接和间接两种方式。一方面，盈余质量可以直接影响投资效率，盈余质量的提高可以减轻委托人和代理人的信息不对称性，增强股东和管理层的监督，从而提高投资效率。另一方面，盈余质量可以通过降低债务融资成本（中介变量）来间接缓解企业投资不足（刘义鹃和郑文强，2017）。高质量盈余信息能够削弱政治冲击对企业债务融资成本的正向影响（冯展斌，2017）。高质量的会计盈余能够提高现金股利支付率，降低融资约束限制，对投资效率产生积极影响（纪慧丽和姚芊，2019），降低股权融资成本（Eliwa等，2016）。盈余质量低的公司倾向于在盈余报告日前后进行股票增发，盈余质量高的公司在盈余报告日后较久进行新股的发行（王舒瑶，2018）。较高的盈利质量可以缓解过度投资和投资不足的问题。制造业企业盈利质量与投资不足之间的关系更强（Cherkasova和Rasadi，2017）。

盈余质量在信息披露方面与审计意见保障性角度具有相似影响。比如盈余质量对自愿性信息披露有契约作用（通过降低代理成本提高自愿披露水平）和鉴证作用（为自愿披露信息提供了可鉴证性保障），提高了公司价值与自愿披露水平的相关性（汪炜和袁东任，2014）。中国A股市场在盈余可靠性的维度上对审计意见做出反应而对盈余管理行为没有反应；对盈余的持续性做出反应而对盈余的现金保障性没有反应（丁方飞等，2015）。更高的盈利质量会导致更多的分析师跟随，分析师预测的分散度更低，增加分析师预测的准确性（Yasser等，2020）。由此可见，盈余质量能够通过缓解信息不对称，帮助管理层、分析师和投资者做出更好的投融资决策。

2.7　信息质量与流动性

信息与披露是市场微观结构的主要组成部分，根据O'Hara（1995）的定义，市场透明性（transparency）是市场参与主体观察交易过程信息的能力，信息指的是关于价格、报价、交易量、委托单来源、市场参与主体身份等方面的知识。事前信息包括当前买卖报价、深度、其他价格上的限价委托、其他交易前有关信息（如是否存在较大的委托量差异等）在市场上的散布程度，事后信息主要指关于过去交易有关信息的公开和及时传送散布。

Ui（1999）区分了公开信息和内部信息，发现在信息质量不是非常理想的情况下，提高公开信息的质量可以降低价格波动性，但是市场信息整体质量较高反而会增加价格的波动性；提高内部信息的质量会降低价格波动性，质量越高，价格波动越小。总体来讲，在一个交易者众多，能够提供足够“噪声”的市场中，信息质量的提高能够降低价格波动性，增加市场流动性，但这个趋势并非是非线性的。

提高流动性是自愿性信息披露的经济后果之一，其他还包括降低资本成本，吸引更多的分析师。Diamond和Verrecchia（1991），Kim和Verrecchia（1994）认为自愿性的信息披露能够降低知情和不知情的投资者之间的信息不对称情况。对于披露水平较高的公司，投资者更确定其能够以“公允的价格”进行股票交易，继而增加公司股票的流动性。此外，这些研究认为当机构持股比例增加时，公司披露信息量与流动性之间的相关关系更显著。

Healy等（1999a）发现披露信息较多的公司当期的股票价格上涨的幅度较大，且涨幅与当期盈余无关。Gelb和Zarowin（2000）发现披露信息较多的公司其股票交割与当期及未来盈余的相关性较高。这表明公司的披露策略影响了股票价格吸收信息的速度。

流动性的文献与会计文献能够自然联系在一起是因为会计信息能够改变股票的信息环境。市场微观结构理论通常将股票流动性的模型设计为市场深度的倒数或是每单位订单引起的价格变动（如Amihud的 daily price impact）。例如，Kyle（1985），Admati和Pfleiderer（1988）证明股票的较差的流动性是知情交易者与不知情交易者的交互项的函数。这些研究通常把price impact看作是知情交易者信息准确度、知情交易者人数以及流动性与噪音交易者的协方差的函数。会计信息能够降低市场的信息不对称性，这类信息能够提高股票流动性（Diamond和Verrecchia，1991）。

接着，许多研究将会计事项，如盈余宣告与股票流动性联系起来。Lee等（1993），Kim和Verrecchia（1994），Krinsky和Lee（1996），Affleck-Graves等（2002）研究了盈余宣告日附近的股票流动性。近几年，Vega（2006），Francis等（2007）发现盈余宣告日后的漂移与私有信息量相关。还有一些研究讨论了披露政策与流动性的关系（Welker，1995；Brown等，2004；Brown和Hillegeist，2007）。

Lang和Maffett（2011）证明了透明度较高的公司流动性的波动较小，并且在金融危机时期，这种关系更为显著。Ng（2011）检验了信息质量对流动性风险的影响，结果表明高质量信息会降低流动性风险，进而降低资本成本。Lang等（2011）证明了较少的盈余管理、高质量的会计准则以及高质量的审计会增加流动性，降低交易成本。

此外，还有一些研究试图衡量股票流动性，并检验其与公司披露的代理变量之间的关系。Welker（1995）证明分析师对公司披露情况的评级与买卖价差之间呈负相关关系。Healy等（1999a）发现分析师对披露水平评级较高的公司，在披露水平提高之前，股票买卖价差高于同行业其他公司，提高之后买卖价差落回到同行业的平均水平。Leuz和Verrecchia（2000）检验了德国的二板和创业板（Neuer market）上市公司的买卖价差，该板对信息披露的要求较高，研究结果发现该板上市公司的买卖价差低于在法兰克福证券交易所上市的公司。

前文已述，国外有关流动性的研究是建立在做市商这一交易机制基础上的，但仍有许多可以借鉴的成果。而国内的证券市场一直在不断完善交易机制、规范投资者行为，因此国内对流动性的研究起步晚，数量较少。

巫升柱（2007）发现年度自愿信息披露水平对股票流动性存在显著的正向影响；从动态来看，中国股票市场自愿披露水平正向变动具有流动性信息含量，而负向变动则没有相应的流动性信息含量。上市公司信息透明度和信息披露质量的提高可以增强股票的流动性（吴战篪等，2008；蔡传理和徐家林，2010）。

综合上述国内外的研究结论可以看出，在不同资本市场、不同交易制度的背景下，信息披露的充分性会对流动性产生积极的影响。

2.8　非正常市场状态下的流动性相关研究

正常市场状态下不引人注目的市场流动性能够引起广泛关注，是因为在发生金融危机时一般都伴随着流动性的剧烈波动，因此金融危机期间的股票市场流动性状况也是流动性研究的重要内容之一。Amihud，Mendelson和Wood（1990）针对1987年10月19日美国股票市场崩盘的研究发现，这次市场崩溃伴随着市场流动性的下降，而10月20日市场恢复则伴随着股票流动性的上升。Muranaga和Shimizu

（1999b）讨论了市场流动性消失后投资者预期的变化及对市场价格发现功能的影响。Goldstein和Kavajecz（2000a）研究了金融危机期间启动“断路器”机制对市场流动性的影响，发现非流动性确实导致价格崩溃，同时比较了做市商和限价委托交易者在危机时期向股市提供流动性的差异。Chordai，Sarkar和Subrahmanyam（2001）发现金融危机期间股票市场和债券市场流动性比正常市场状况下具有高得多的关联性。Ackert，Church和Jayaraman（2001）通过实验对“断路器”机制的作用进行了研究，发现具有明显的磁极效应。Wong和Fung（2001）研究了亚洲金融危机期间中国香港股票市场的流动性状况，发现在危机期间明显存在流动性恶化的现象，危机结束后市场流动性则有明显的恢复。研究还发现，金融危机影响流动性主要通过影响短期利息率和价格波动性来实现，其对全球市场流动性和风险状况也有重要的影响。国内没有有关此类话题的研究。纵观上述研究结果，均表明在证券市场出现极端状况时，流动性的重要性凸显，流动性充足与否，对证券的价格将起到至关重要的作用。

3

基础理论与理论基础

本章旨在阐述金融市场微观结构理论、信息不对称理论以及盈余功用理论等基础理论，并在考虑我国A股市场采用的不同于英美市场的交易机制下，尝试建立盈余质量作用于股票流动性的理论基础。

3.1 盈余质量影响流动性的基础理论

构建后文理论框架的基础理论包括市场微观结构理论、信息不对称理论和盈余功用理论。

3.1.1 金融市场微观结构理论

金融市场微观结构理论的核心是说明在既定的市场微观结构下，金融资产的定价过程及其结果，从而揭示市场微观结构在金融资产价格形成过程中的作用。所谓的市场微观结构，即市场交易制度的总称，包括市场价格发现机制、清算机制与信息传播机制。流动性是市场微观结构理论中的一个重要因素。该理论不同于传统的金融理论中把证券市场假定为一个完全竞争、信息完全公开，无需交易成本的理想市场，与此相反，该理论承认现实中的证券市场不完全竞争、信息不对称，并且存在交易成本。正因为现实的市场并不完美，在不同的交易机制，或者说市场结构下，才有不同的市场质量（market quality）。而流动性恰是衡量市场质量的标准之一，其他衡量市场质量的标准还包括透明度、稳定性、高效率、低成本和安全性。

（1）市场交易机制与流动性的供需。

市场微观结构理论认为，价格行为和市场活力取决于交易机制与买方、卖方交易意愿的能力。[①]此过程涉及流动性的提供。早期的微

① 奥哈拉. 市场的微观结构理论［M］. 杨之曙，译.北京：中国人民大学出版社，2007.

观结构集中在做市商制度下，认为提供流动性是做市商的主要功能。当然，流动性不仅来源于做市商，也来源于交易机制的其他方面。市场微观结构理论的发展由存货模型（完全信息）到信息模型（不完全信息），由序贯交易模型到批量交易模型，由做市商定价策略模型到知情交易者定价策略模型，再到不知情交易者定价策略模型。发展到今天，人们的普遍共识是当今的交易市场环境是信息不对称的市场信息结构。交易者按信息获取程度的不同被分为知情交易者和不知情交易者。因此，非对称信息模型已成为目前市场微观结构理论研究的主流。

资本市场的功能之一是通过资产的价格反映信息。市场信息的构成包括市场外部信息和市场内部信息。市场外部信息指的是宏观经济信息、政策信息、公司经营信息和公司财务信息等。这些信息均能对证券的内在价值产生影响。其中，市场内部信息指的是证券交易本身产生的信息，比如分时的成交量与成交价格，买卖双方委托单的报价和订单数量等。市场内部信息本身并不决定证券内在价值的大小，通常假定所有投资者均可以获得市场内部信息，即认为投资者对市场内部信息的获取是对称的。与此相对的，交易者对市场外部信息的获取是非对称的。一些交易者拥有其他交易者无法获得的信息渠道，因此拥有其他交易者无法接触到的私人外部信息。所有市场参与者都能拥有的信息称为公共信息，这部分信息是市场公平与效率的体现。而投资者通过其他渠道和自身分析拥有的有关证券价值的信息称为私人信息。与公共信息不同，私人信息具有不确定性，拥有私人信息并不一定能够获得超额收益。在私人信息中，有一部分能够为投资者带来超额收益的有价值的信息，被称为内幕信息。拥有内幕信息的投资者被称为知情交易者。其他通过公共信息了解证券价值的投资者则被称为不知情交易者。不知情交易者虽然不拥有内幕信息，但其可以通过市场内部信息推测知情交易者可能获得的内幕信息并进行策略性交易。知情交易者为了防止信息过快扩散，也会采取一些隐蔽的交易策略，以期获得最大的超额收益。所以价格不仅可以出清市场，也会传递信息。正是由于投资者拥有不同的信息集、对信息有不同的理解、具有不同的投资起点和期限，才为市场提供了可能的流动性。因此可以说，在交易机制一定的前提下，流动性源于市场参与者的行为。

我国的证券市场是电子自动竞价交易市场，市场中不存在做市商，所以以做市商为基础的理论模型在我国的证券市场中均不适用。但一些基本概念以及理论思路仍然适用并可以借鉴。沪深股市在开盘时采用集合竞价模式，开盘后即进入连续竞价模式。在集合竞价模式下，所有买卖交易订单不是在收到之后立即就予以匹配成交，而是集中起来在一个固定的时间进行撮合。集合竞价通常是以能达成最大交易量为标准确定成交价格。在开盘后进入连续竞价模式，买卖双方的订单持续地输入系统，并按价格优先和时间优先的原则汇总排队，交易系统即根据市场上已有的订单情况自动进行撮合，一旦有相匹配的订单即可达成交易。在我国的市场中，市场参与者只有两类：知情交易者和不知情交易者。不知情交易者又可分为理性的不知情交易者和以流动性为目的的交易者。前两者根据市场信息进行策略性交易，后者为了获得流动性进行交易。流动性由投资者提交订单的策略决定。

流动性是市场效率的核心内容，也是交易市场的特性之一，因此，必然与市场的各个要素存在联系。各项因素可概括为市场结构、交易机制和制度环境三个层面：第一个层面是市场结构层面，即市场交易的主体（交易/投资者）和客体（交易的产品）。这两个因素决定了市场本身的存在，同时也决定了市场结构的其他一些特征（如市场集中度等）。第二个层面是交易机制层面，即在市场中进行交易的方法。交易机制直接影响市场的流动性，但也对市场结构产生影响（如大宗交易机制会影响竞价市场的交易集中度等）。第三个层面是制度与监管环境。制度与监管环境是形成有序市场的重要条件，同时制度和监管对市场结构和交易机制的若干规定也对市场流动性产生间接影响。

在其他条件既定的情况下，交易机制是影响市场流动性最直接的因素。交易机制不仅直接影响撮合的效率，也通过对定价、价格波动和透明度等的作用间接影响流动性。比较中国、美国、印度市场的交易制度，总体上看，我国股市交易机制不完善之处还较多，比如缺乏做市商交易机制、股票卖空机制、日内回转交易机制等，对股市流动性造成了不利影响。

（2）流动性与交易成本。

Amihud和Mendelson（2008）认为流动性和交易成本是相关却完全不同的两个概念。从投资者的角度来说，交易股票的直接成本与及时形成一个投资组合并使其具有流动性的能力是投资者愿意为一只股票支付的价格的潜在决定因素。Demsetz在1968年发表的《交易成本》是微观市场结构理论的开山之作。投资者在证券市场中交易时会面临多重成本。任何交易都伴随着交易成本。在股票市场中，交易成本是指交换钱与股票的所有权所需的成本，在投资者的交易过程中发生的交易成本由两部分组成：直接成本，包括交易过程中实际发生的手续费和税金，以及隐性成本，又叫价格冲击（price impact）或买卖价差（bid-ask SPRead），即买家或卖家为了实现交易而要付出的溢价或折价。举例来说，假设投资者得到股票价格上涨的消息，会意图以当前价格大量买入该只股票。在这种情况下，股票的卖家更愿意持有该只股票。因此，做市商或其他交易商会观测到购买压力，并会以高于现价的价格向卖家出售股票。同样的道理，他们会把出售压力理解成为有关于股票的负面私有信息流出，并且仅愿以低于现价的价格向投资者购买股票。做市商或交易商以股票溢价或折价的方式保护自己，溢价或折价随交易量的提高而上涨。买卖价差是为实现交易的即时性而支付的成本。买卖价差由个人行为决定。这些人包括做市商、场内交易商以及外部提交委托单的交易者。随时准备交易的投资者如果给出相对较高的买价或较低的卖价，便可以在交易队列中排在靠前的位置，等待交易完成的时间也较短。买卖价差由三部分组成：指令处理成本、存货成本和逆向选择成本。指令处理成本是指在做市商制度下，做市商提供即时性的活动，提供做市服务而要面对的相对固定的成本包括信息席位租金、传输指令、执行交易并进行清结算，提供信息服务等。这些活动需要使用实际经济资源——劳动力和资本，这部分花费需要补偿。指令交易成本会随着交易量的增加而减少。

从投资者的角度来看，对股票价格的影响是一种流动性成本。这种成本随着买卖双方之间信息不对称的程度而增加。潜在的信息不对称程度越高，发起交易的一方利用对方的风险越高。对方要求从交易中获得的补偿越高。因此信息不对称程度越高，对股票价格的影响越大，交易成本也就越高。因信息不对称造成的交易成本称为逆向选择成本，是指做市商在向市场提供即时性交易过程中，与知情交易者交易而遭受的损失，也可以理解为知情交易者强加给其他市场参与者的流动性成本。由于信息不对称，导致股票交易双方之间出现逆向选择成本（Leuz和Verrecchia，2000）。

除了信息不对称外，另一种通过市场机制影响股票价格的因素是做市商制造出来的“存货风险”。存货成本是指做市商为了“做市”，必然持有一定数量的证券和现金头寸。由于未来证券价格及交易量的不确定性，做市商要承担持有存货所占用资金的机会成本和风险成本。当做市商买入某只股票时，他们需要将其持有直到买家出现。在此期间，他们承受着股票价格跌落的风险。如果做市商承诺卖出超过存货数量的股票，他们需要承受以较高价格购回之前出售的股票以保证足够的头寸。做市商将在报价中使存货风险得到补偿。随着做市商对报价指令流的修正，其存货成本也会逐渐减少。

前两部分成本是早期买卖价差文献中的主要研究对象（Demsetz，1968；Bagehot，1971）。Gloston和Milgrom（1985）指出，在信息不对称的情况下，即使没有指令处理成本与存货成本，买卖价差依然存在，因此后来的研究重心逐渐转移到逆向选择成本的问题上（Copeland 和 Galai，1983；Gloston 和 Milgrom，1985；Kyle，1985；Glosten和Harris，1988）。陆静（2003）认为我国股票市场实行的是连续竞价交易系统，不存在做市商，因此不存在存货成本。杨朝君等（2002）采用Lin、Sanger和Booth（1995）的方法将买卖价差中包含的非对称信息部分，即逆向选择成本分离出来，证明上海市场买卖价差中的逆向选择部分不仅存在，而且显著高于英美国家做市商市场下买卖价差中逆向选择部分的比例，表明信息的非对称性亦是影响流动性水平的重要因素。屈文洲等（2011）采用Huang和Stoll（1997）的信息模型得出了相同的结论。

由此可见，交易成本中的隐性部分反映了流动性的一个侧面，也代表了流动性四个维度中的市场宽度。降低交易成本能够提高流动性，也正因如此，许多针对流动性的研究选用买卖价差作为流动性的代理变量。

Pagano和Roell（1996）认为，减少信息不对称、降低流动性交易者的交易成本可以提高市场的流动性。Chowdhry和Nanda（1991）的研究认为，做市商主动披露有关交易信息，可以减少其交易对手中知情交易者的比例，降低信息不对称，降低逆向选择风险，进而降低报价差，吸引更多的流动性交易者与之进行交易，提高市场的流动性。

3.1.2 质量信息的不对称性

资本市场中充斥着各类信息，信息引导着资本市场资源配置方向，是资本市场生存和发展的基础。信息能否被有效传递，是衡量资本市场是否有效的重要标准。在现实环境中，市场参与者们并不能够平等地获取信息。前文中对资本市场中的信息进行了分类，投资者能够获得的只有公共信息，不知情交易者获悉内幕信息的时效要晚于知情交易者。信息不对称使投资者面临逆向选择和道德风险，这些问题阻碍着信息的正常流动和资源的有效配置。早期的信息不对称与逆向选择问题始于Akerlof（1970）研究的“柠檬市场”下质量的不确定性与市场机制的问题。Akerlof以二手车市场为例，研究了在这样的市场中，因市场机制引起的交易的不可能性问题。在美国，低质量的商品被称为“柠檬”，因而充斥着质量参差不齐的二手车市场被称为“柠檬市场”。根据Akerlof的理论，在二手车市场上，逆向选择问题来自卖者和买者对旧车质量的不了解，即质量信息的不对称。作为内部人的卖者知道车的真实质量，买者不知道，只了解车的平均质量，因此只愿意支付平均质量二手车的价格，结果导致质量高于平均水平的卖家退出市场，留下的是质量不及平均水平的“柠檬”，买家愿意支付的价格进一步下降，最终导致的极端情况是，待售的二手车质量不断下降，买家退出市场，二手车市场无法存在，交易的帕累托最优无法实现。

资本市场中也广泛存在着信息不对称，即交易主体之间信息分布并不均衡，经常有一些人比另外一些人更具有信息优势。信息不对称存在于内部人与外部人之间，存在于拥有特殊渠道的知情者和不知情者之间。具体而言，信息不对称通常以下列几种形式表现出来：一是获取信息的渠道不对称，公司内部人比股东、潜在投资者等外部信息使用者有更直接、更便捷的获取信息的渠道和途径；二是获取信息的时间不对称，部分投资者能较早获取信息，在交易中处于优势地位；三是获取信息的数量不对称，某些参与主体能获取更为充分和完整的信息；四是获取信息的质量不对称，即交易者之间掌握的会计信息质量是有显著差异的。而如果上述问题不能得到很好的解决，会出现逆向选择和道德风险行为。

在讨论盈余质量的作用时，可以借鉴Akerlof的“柠檬市场”理论。这种“劣质商品驱逐优质商品”的现象被称为逆向选择(adverse selection)，是指交易双方在交易前的信息不对称。在资本市场中，投资者只能通过公共信息判断上市公司的财务和经营状况。在投资者普遍无法了解公司真实状况的条件下，他们无法分辨出哪些是高质量的、有投资前途和价值的上市公司，哪些是低质量的上市公司。这样就会导致投资者在进行投资决策时，往往只能根据市场所有上市公司的平均质量来决定其投资方向和愿意投资的价格。因此就会抑制那些质量高于市场平均水平的公司提高经济效益和管理水平的积极性。投资者的投资就逐渐向低质量公司流动，进而降低资源配置效率。质量高于市场平均水平的上市公司因为不能在证券市场实现其应有价值，就会选择退出证券市场，造成低质量上市公司大行其道，优质公司被迫消极经营。信息不对称的结果一是容易造成股票价格与上市公司经营成果背离；二是易造成证券市场失去评价上市公司经营成果、约束其经营行为的市场机制；三是会导致整个市场上市公司质量的降低；四是造成市场过度投机；五是最终会降低市场效率甚至造成市场崩溃。

以上是由于公司内部传递的“优质”的信息不能为外部投资者

所获得，造成内外部的信息不对称，最终导致在资本市场的资源配置中出现逆向选择问题。在外部的投资者之间，同样存在逆向选择问题。外部投资者之间的逆向选择问题是影响股票流动性的重要因素。

3.1.3 盈余质量的功用理论

盈余能够为使用者的某项决策提供有关企业经营成果的信息。这些决策包括投资决策、融资决策等。盈余的有用性已经在多篇经典文献中得到证明。通过盈余的市场反应研究，得出的普遍结论是盈余与股价具有相关性，但整个盈余-收益模型的拟合优度R^2普遍较低，通常在2%~5%之间，较少超过10%，表明盈余对股价的解释能力较低。前人对盈余在资本市场中的功用研究浩如烟海，但对盈余质量的功用研究较少。当然，影响投资者决策，并最终影响股价的信息有很多。有宏观层面的经济事件，如金融危机爆发或政府出台新规；有行业层面的事件，如行业的景气情况，或是行业价格的波动；也有微观层面的公司特有事件，主要包括会计盈余、公司管理层发表的声明、媒体关于公司或正面或负面的报道等等，以上皆是公开信息。会计盈余是所有公开信息中，由公司主导的，为公司编制的公开信息。越是高质量的盈余，提供的信息越真实、可靠。盈余是企业对外报告财务信息最重要的一环。可以说，盈余质量的高低反映了企业财务信息质量的高低。对于外部投资者来说，若想了解企业内部这个“黑箱”，只能通过其对外披露的公告，包括财务报告、内部控制自评报告、重大事项公告等等，其中最重要的信息，也最为投资者关心的信息是企业的经营状况和盈利状况，反映在财务报告等财务信息中。由于财务报告是投资者了解公司真实状况的唯一途径，他们只能选择相信财务报告的质量，并以此做出投资决策。上市公司内部与外部投资者存在着结构上的信息不对称。改善这种不平等局面的方式，除了加大披露的信息容量外，在现有的披露项目下，提高报告的信息质量是最有效的解决途径。

前文已述，盈余具有众多特征，如盈余的平滑性、可持续性、可预测性等，显示出盈余具有多重属性。既然如此，衡量盈余质量也可以从多重角度进行。本书也拟从盈余的不同侧面衡量盈余的质量，并检验其对流动性的影响效果。假设其他条件一定，盈余质量高的企业，信息不对称的程度要低于盈余质量低的企业。而对于外部的投资者来说，如果能够识别出高质量的盈余公司，专注于价值投资的理性投资者会倾向于这一类的上市公司，基于此类公司的财务信息进行的决策质量较高，也令人信服。同样，不管是对于有私人信息渠道的知情交易者来说，还是对于只能通过公众信息进行判断决策的不知情交易者来说，盈余质量较高的上市公司发布的信息都比较真实可信，透明度高，两类投资者在面对这类公司时处于较为平等的地位，信息不对称程度也较低。

诚然，盈余信息只是资本市场众多信息中的一部分，并不是市场波动的唯一诱因。在与其他信息的竞争过程中，盈余质量是否能为投资者辨识，为投资者重视，值得思考。鉴于此，本书着眼于检验盈余质量在资本市场中的功用。

对于信息在资本市场中的传递效果——股票价格的发现理论中，经典的有效市场假设（Efficient Market Hypothesis，EMH）认为投资者能够有效识别各类信息，并最终将对信息的理解反映在股价中。对于盈余信息，投资者能够看穿财务报表，识别出具有优质盈余的上市公司，盈余数字相同，但盈余质量更高的公司股票定价也较高。与之相对立的观点为功能锁定假说（Function Fixation Hypothesis，FFH）。这一概念源于心理学领域的研究，被用来描述主体对客体的认识和利用存在某种功能性障碍。这一假说认为投资者在决策过程中仅仅锁定于特定的表面信息，不能充分理解和利用有关信息来评估证券价值以做出正确的投资决策。对于盈余信息，投资者只关注盈余数字的多寡，而不能深入分析背后的盈余质量的优劣，对具有相同盈余数量，但盈余质量不同的公司股票不能区别定价。两种假设均有理论与实证检验的支持。本书在检验盈余质量对股票流动性的影响过程中，当投资者无法识别盈余信息中的质量信息，即无法分辨出盈余质量高或低的公司时，盈余质量对流动性不会产生影响，在这种情况下，借鉴Akerlof的二手车市场分析思路，股票市场无法区分优质和劣质的上市公司，导致的结果是优质公司股票不能被正确定价，优质公司退出股票市场，上市公司的整体质量下降，最终股票市场无法正常交易。

3.2 竞价交易机制与在我国开展股票流动性研究的特殊性

除了借鉴金融市场的微观结构理论，还需要明确我国资本市场的交易制度。原因在于有关流动性的研究在国外历经了很长一段时期并已形成体系。流动性的高低除了受宏观经济因素的影响外，更主要的是受到证券市场交易机制、投资者行为、个股基本面等因素的影响。其中交易机制是金融市场微观结构的核心部分，也是影响流动性的主要因素。在不同的交易机制下，证券价格的形成过程也有所不同，在其他条件不变的情况下，市场的流动性也略有不同。我国证券市场的交易机制与美国、英国等主流市场的交易机制不同，因此有必要在进行下一步研究之前阐明二者之间的区别，并探讨借鉴国外流动性研究在国内的适用性。

各主要证券市场践行的各类交易机制，依据交易中介的作用不同，可以分为订单驱动模式和报价驱动模式。订单驱动市场又称为竞价市场，即价格的形成源自交易者的订单之间的直接撮合，自动匹配，交易者与交易者之间不存在中介。报价驱动模式又称为做市商（market maker）市场。做市商作为中介机构，在交易时间内连续向交易的买方和卖方报价，交易者按报价与做市商进行交易。做市商的报价是综合考虑了买卖双方的报价以及订单量给出的。

连续竞价市场和做市商市场中的价格发现过程并不相同，因而其流动性的提供机制也不一样。其中，做市商市场被认为能够较好地保证交易的即时性，而连续竞价市场被认为能够提供更加有效的价格发现功能。我国证券市场在开收盘采用集合竞价模式，中间交易时期采用连续竞价模式，因为这种电子化的竞价交易方式速度快、交易成本低，因此为越来越多的新兴证券市场所采用。

早期欧美发达国家的证券市场多以做市商制度为主，因此迄今为止，几乎所有有关流动性的经典文献都是基于做市商制度而展开的。本书主要研究上市公司的盈余质量对股票流动性的影响，在借鉴国外文献阐述两者的作用机理时，需要考虑两种交易机制下股票价格发现过程的不同之处。这也是本书的研究难点所在。

单只股票的流动性集合起来构成了整个市场的流动性。流动性是股票市场的重要属性，体现出市场在某一时刻的状态，即在这一时刻，投资者是否能立即完成大量交易。流动性是股票市场的生命力所在。如果因缺乏流动性而难以达成交易，市场也就失去了其存在的意义。流动性不足对证券市场的危害是多方面的：从短期看，低流动性助长了投机和市场操纵行为，影响证券的正确定价，加大了投资者的交易成本，限制了一级市场的发展，影响到公司的治理和管理（如高流动性的市场可增强股东监督公司的能力，提高公司控制权市场的效率），也增加了监管者的监管成本（高流动性市场的监管以信息披露和内幕交易为重点，而低流动性市场还必须把价格操纵作为监管重点）；从长期来看，必将影响我国证券市场的健康稳定发展和国际竞争力。

除了交易机制不同，我国证券市场的成熟度也远落后于欧美等发达国家，这也为开展流动性的相关研究增加了难度。就我国的证券市场现状而言，在与市场流动性有关的四个方面：产品结构、投资者结构、市场集中度和市场国际化程度上均与成熟的证券市场存在一定差异。

从产品结构来看，产品是市场交易的基础，包含产品的数量和质量两个方面。从数量上看，要求市场可供交易的证券品种供应充足且多样化；从质量上看，主要是指市场有大批优秀的上市公司。多样化的产品结构（特别是与现货对应的衍生产品）有助于创造多种交易需求（如对冲风险、套利等），从而提高市场的定价效率和流动性。与国际市场相比，我国证券市场产品结构不甚完善，已有的初级衍生品（如权证）市场规模也较小，对现货市场流动性产生的积极影响不够。

从投资者结构来看，机构投资者持有股票的时间通常较长，较少参与短期投机交易，因此，对减少投机，降低股市的流动性成本有积极意义。而我国机构投资者在规模、专业程度以及成熟度上都远落后于欧美发达市场。

从市场集中度来看，市场集中度和产品、投资者结构有关，也是影响流动性的因素之一。一般说来，在市场集中度较高时，少数股票市值或交易量较大，这些股票的供给和需求均较大，因而其流动性成本会较小。由于这些公司市值较大，且整个市场的交易集中于这些公司，因此，一方面可增加整个市场流动性水平的平均值，同时也起到了示范和参照作用，提升整个市场的流动性水平。与国际市场相比，我国股市的市值和交易集中度均较低，流通市值最大10家上市公司占我国总流通市值的比重为12%，低于国际主要市场水平。从交易量来看，印度市场的集中度也远高于中国。

从市场国际化程度来看，在新兴市场，国际投资者多为来自欧美发达国家的机构投资者，较为注重价值型投资，对流动性成本也十分关注，因此，在国际化程度较高的新兴市场，其流动性通常也较好。我国自2003年开始实行QFII制度，允许部分外国机构投资者进入A股市场，迄今共向45家机构颁发了QFII执照。我国对QFII实行严格的额度控制，目前总额度为74.95亿美元，占我国股票流通市值的比重不到3.5%。

由此可以看出，市场的不成熟可能导致流动性出现理论外的异常波动，这也为流动性的有关研究提出了挑战。

3.3 盈余质量影响股票流动性的理论基础

就其根源而言，流动性是伴随着股票价格的形成，在交易过程中产生的。流动性代表了交易完成的难易程度，而根据金融市场微观结构理论，交易的难易程度又取决于交易机制以及市场参与者的决策行为。目前各国的证券市场主要采用两类交易机制：报价驱动模式（做市商市场）和指令驱动模式（竞价市场）。两类交易机制下价格的发现过程不同，因此其流动性的提供机制也有所不同。一般来说，做市商市场被认为能够较好地保证及时性，即做市商市场的流动性普遍好于竞价市场。

在交易机制既定的情况下，流动性与市场参与者的行为息息相关。证券市场的表现是市场参与者的博弈行为引起的结果。而市场参与者可获取的信息水平，及其辨识信息的能力，是其行为的决定因素。在竞价市场中，市场参与者主要由两类组成，一类掌握着比其他投资者更多、更可靠的有关金融资产未来价值的内部信息，这些投资者被称为知情交易者（informed trader），其他不拥有私人信息的投资者被称为不知情交易者（uninformed trader），其交易受流动性驱动。根据信息不对称理论，当双方获得的信息不均等时，掌握信息较多的一方会利用这种信息优势攫取信息较少一方的利益。信息不对称包括数量和质量上的不对称。因此，知情交易者在与不知情交易者交易时，会利用私人信息在交易中获利，损失由不知情交易者承担。由此可以推测，降低两类投资者之间的信息不对称程度，提高信息质量，能够抑制知情交易者利用信息优势侵占不知情交易者利益的行为，减少信息成本（逆向选择成本），进而提高股票的流动性。

在市场参与者可获取的众多信息中，会计盈余是上市公司对外披露的、投资者公开可获得的反映上市公司财务状况的重要信息之一，也是投资者估值决策中重要的考量因素。如果说会计盈余反映的是企业经营成果的“好坏”，盈余质量则反映了这一结果是否真实可靠。较高的盈余质量代表上市公司报告的盈余更接近企业的真实状况，能够为某项决策提供有关经营成果的更多信息。当上市公司的盈余质量较高时，投资者能够对企业进行更准确的估值（Dechow等，2010）。因此，高质量的盈余能够为市场交易者的定价决策提供更有价值的信息，因此，我们认为盈余质量能够通过提高投资者获取的信息质量，影响投资者行为，进而对个股的流动性产生影响。

结合交易制度探究这种影响的具体作用机理：在指令驱动的竞价交易制度下，股票的开市价格采用集合竞价形成，随后交易系统对不断进入的投资者交易指令按“价格优先”与“时间优先”原则排序，将买卖指令配对竞价成交。一切买卖由交易系统自动撮合完成，不存在做市商这一中介。当买卖双方对价格和数量无法达成一致时，竞价交易制度下的交易者需通过延长交易时间或扩大价差实现交易。如果知情交易者通过私人信息获悉某证券的合理价格会更高，他们会发出较低的买价或较高的卖价指令，而不知情交易者只能选择被动接受知情交易者的报价，导致利益受损，或者维持原有报价，扩大买卖价差，延长交易时间，导致交易无法及时完成，造成股票流动性降低。如果上市公司的盈余质量较高，表示从公开渠道获得的这一信息更加真实可靠，即使是不知情交易者也会充分了解公司真实的经营状况，对股票内在真实价值的判断更为准确，这样会有效抑制知情交易者有意压低或抬高报价的动机，进而缩小买卖报价，降低逆向选择成本，交易更易达成。此外，这类股票也会吸引更多不知情投资者参与交易，扩大成交量，活跃交易程度，进一步促进流动性的提高。相反，当投资者面临盈余质量较低的上市公司股票时，不知情交易者无法判断公司真实的经营状况，知情交易者利用不知情交易者的风险更高，导致买卖价差扩大，交易成本提高，交易完成难度更大，流动性也较低。同时，理性的不知情交易者也会选择避免交易这类股票，进而影响成交量，降低流动性。

基于以上分析，我们认为，在指令驱动的竞价市场交易机制下，公司优质的盈余通过提高投资者接收的信息质量，影响投资者的交易行为，进而提高股票的流动性。

盈余质量对股票流动性作用的传导机制如图3-1所示。

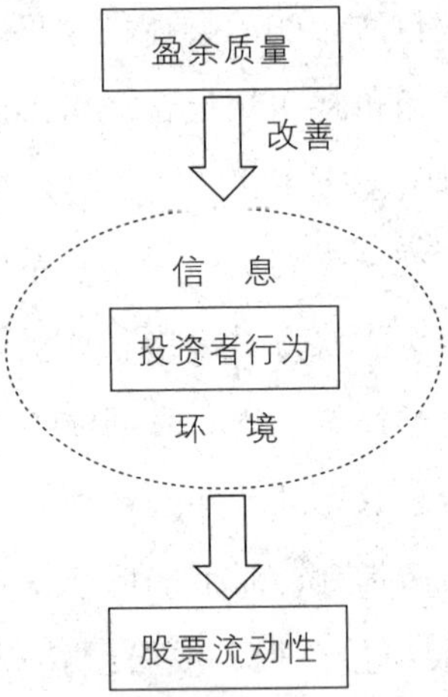

图3-1 盈余质量影响股票流动性的传导机制

4

盈余平滑性与股票流动性

前文已述，盈余平滑性反映了报告盈余与真实收益（现金流）之间的关系，即报告盈余偏离真实盈余的程度。应计制的记账基础为平滑利润提供了条件。盈余的平滑有为了匹配收入与费用自然发生的部分，也有管理层出于机会主义目的操纵应计项目刻意为之的部分。因此，从盈余平滑性的不同理解出发，会推出其对股票流动性的差异化作用机制和影响效果。本部分将分别予以讨论。

4.1 盈余平滑性的度量

已有文献中通常采用两种方式度量盈余的平滑性：首先，相对于现金流的波动性，会计利润的波动性越大，盈余管理程度越高，质量越低（Leuz 等，2003；Francis 等，2004）。基于此，第一种盈余平滑性的指标是采用总资产平减后的经营性现金流与平减后总应计的相关系数。其原理是管理层会在盈利状况好时将盈余以应计项目的形式留存在企业，在盈利状况差时将这部分应计转化为现金流。因此总应计与现金流应该呈负相关的关系（Lang 等，2006；Barth 等，2008）。也可以用经营性现金流和总应计的一阶差分，本书采用原始值。借鉴 Bhattacharya 等（2003）的做法，计算公式为：

$$EARSM1 = Correl\left(\Delta ACC_{i,t},\ \Delta CF_{i,t}\right) \qquad \text{（公式4-1）}$$

其中，Correl（）为相关系数，$\Delta ACC_{i,t}$为t年应计项目增加额/期初总资产，$\Delta CF_{i,t}$为t年经营性现金流量增加额/期初总资产。本书以（t-2，t）期间内 ΔACC 与 ΔCF 相关系数的绝对值作为收益平滑度的替代变量。

4.2 股票流动性的度量

衡量股票流动性的指标很多，有经典的反映市场宽度的买卖价差、反映市场深度的换手率，也有体现流动性不同侧面的综合指标，如 Kyle（1985），Amihud（2002）中使用的指标。本书选取 Roll（1984）创建的间接价差指标度量股票流动性。如前所述，买卖价差一直是金融市场微观结构有关文献中最基本，也是最常见的代表流动性的变量，我们的理论分析也是基于以买卖价差作为流动性的代理变量。Flood（1991），O'Hara 和 Oldfield（1986）把买卖价差定义为对做市商提供即时交易服务的补偿。理论上买卖报价只适用于做市商市场，因为只有在做市商存在的市场，才有由做市商提供的买卖双向报价，并且买价低于卖价，因而存在价差。但在连续竞价市场，所有一对一匹配的买卖订单都是按照相同的价格撮合而成的，因此不存在价差。我国 A 股市场式指令驱动的竞价交易市场，分析竞价市场的价差通常采取市场上未成交有效订单的最高买价和最低卖价之间的差额，在这两个价位上反映了下一笔可能的实际成交价格，也是当时投资者愿意买入或卖出所接受的价格。

Roll（1984）创建的是一个间接衡量有效价差的指标。该指标有两个假设前提：第一，市场是有效的；第二，观测到的价格变化的分布是平稳的。假定股票的真实价值服从随机游走过程，那么观察到的收盘价将等于真实值加上或减去半有效价差：

$$P_t = \frac{1}{2}\left(V_t + SQ_t\right) \quad \text{（公式4-2）}$$

其中，P_t是第 t 天的收盘价，V_t是未观测到的股票的真实价值，它是随机变动的，S 是将要估计的有效价差，Q_t是买卖标识，取值 1

或-1，于是Roll证明有效价差的计算可以用以下公式：

$$S = 2\sqrt{-\mathrm{cov}\left(\Delta P_t,\ \Delta P_{t-1}\right)} \quad \text{（公式4-3）}$$

该公式的含义是：在收盘价由买方或卖方发起的概率各占一半的情况下，观察到的股票价格的自相关系数应当是负的，因此可以得到买卖价差的估计值。同时，根据张峰等（2014）的研究成果，由于在计算有效价差和相对有效价差时，计算得到的收益率的自协方差经常为正值，为避免这一情况的出现，需要对此进行相应的调整，将自协方差为正的值定为0，由此得到计算相对有效价差的公式：

$$Roll=\begin{cases} 2\sqrt{-\mathrm{cov}(\Delta P_t,\ \Delta P_{t-1})}, & \text{当}\mathrm{cov}(\Delta P_t,\ \Delta P_{t-1}) < 0 \\ 0, & \text{当}\mathrm{cov}(\Delta P_t,\ \Delta P_{t-1}) \geqslant 0 \end{cases} \quad \text{（公式4-4）}$$

其中，P_t为单个股票在t周期内，考虑现金红利再投资的日收益率；cov（ΔP_t，ΔP_{t-1}）为单个股票在t周期内，考虑现金红利再投资的日收益率的一阶差分序列协方差。

同时，在稳健性检验部分，本书参考Lesmond等（1999）、周芳和张维（2011）、陈辉和顾乃康（2017）以及石阳等（2023）的研究，进一步引入Amihud（2002）的非流动性指标（Illiq）、ZEROS指标和换手率（Tover）衡量股票流动性，在稳健性检验中作为因变量的替代变量。

Amihud（2002）提出以交易量对价格的冲击程度度量市场对交易的缓冲能力。若一大笔交易未引发证券价格的大幅变动，则可认为市场具有较高的流动性。这一指标适用于A股的竞价交易制度，使用较为广泛（杨兴哲、周翔翼，2020），具体计算方法如下：

$$Illiq_{iy}=10^8\frac{1}{D_{iy}}\cdot\frac{\sum_{t=1}^{D_{iy}}\left|R_{iyd}\right|}{VOLD_{ivyd}} \quad \text{公式（4-5）}$$

其中，D_{iy}为股票i在y周期内的有效交易天数；R_{iyd}为股票i在y周期内第d天考虑现金红利再投资的日收益率；$VOLD_{ivyd}$为股票i在y周期内第d天的日成交金额。

ZEROS指标越大，股票的流动性越高。ZEROS的计算公式如下：

$$ZEROS = \frac{股票年内零收益率天数}{年交易天数} \quad （公式4-6）$$

4.3 理论分析与研究假设

盈余质量影响股票流动性的前提，是高质量的盈余信息能够降低投资者之间的信息不对称程度。而盈余的平滑性是受托责任观下的产物，在会计分期的假设下，通过在不同期间内合理地分配收入与费用，平滑企业业绩，为外界呈现企业业绩稳定增长的有利一面。管理层会在盈利状况好时将盈余以应计项目的形式留存在企业，在盈利状况差时将这部分应计转化为现金流。因此盈余的平滑性可以用来描述企业连续期间盈利能力的稳定程度。简单地说，它指的是盈余在一段时间内是否波动较小，或者说是否保持相对稳定。当企业的盈余平滑性较高时，意味着其收入和支出之间的差异不会产生大幅波动，表明了该公司或组织在经济不确定性下仍能够保持相对稳定的运营状况。

然而，过高的平滑性可能是刻意调节应计项目以掩盖或拖延某些会对财务状况或经营成果产生影响的项目的确认和计量。比如某些行业受周期性的影响较大，而通过过度调节应计展现的盈余平滑性并不能真实反映企业的实际状况。因此，平滑性有两方面的含义，代表了管理层的两种意图：其一是提高盈余质量，对外披露不稳定的盈余会损害盈余的可预测性，最终反映在股价中，因此管理层有意平滑盈余中的短暂波动，对外展示其对公司未来盈利具有的信心，利用其掌握的私有信息平滑盈余中的短暂波动，以披露更有代表性、对决策更有用的盈余，向外界展示其掌握的有关公司未来前景的私有信息；其二是机会主义的行为，管理当局掌握的私有信息不能表明公司未来有稳定的盈利，但为了薪酬计划或短期达到稳定并提升股价的目的而平滑盈余。这两种动机需要予以区分。前者代表了优质的盈余，而后者恰恰相反，不代表高质量的盈余，不仅不会对决策有用，而且会造成错误决策。当盈余的平滑性代表企业长期而稳定的运营状况，具有预测价值时，投资者可以识别出这部分高质量盈余的信号，能够有效提高其决策质量，增强投资者的信心。联系前文中阐述的理论分析部分，对于这类上市公司的股票，交易者的报价较为接近，交易容易完成，流动性较好。相反，如果盈余平滑性是管理层利用应计项目刻意操控的结果，就会误导投资者对股票进行错误定价，导致交易者降低交易频率，进而降低股票流动性，由此，提出对立假设4-1和4-2：

假设4-1：盈余平滑性越高的上市公司，其股票的流动性越好。

假设4-2：盈余平滑性越高的上市公司，其股票的流动性越差。

4.4 研究设计

根据研究假设和已有可参考的文献，设立回归模型、筛选样本并报告回归结果。

4.4.1 模型的设立

除了盈余质量，根据已有文献，影响流动性的其他因素包括流通股总数、盈利性、财务杠杆、股票收益的波动性以及代表公司治理能力等，均作为控制变量。根据假设，建立模型如下：

$$Roll_{i,t}=\beta_0+\beta_1 EARSM1_{i,t-1}+\beta_2 Stock_{i,t-1}+\beta_3 ROE_{i,t-1}+\beta_4 BM_{i,t-1}+\beta_5 STDRET_{i,t}+\beta_6 LEV_{i,t}+\beta_7 Board_{i,t-1}+\sum_{a=1}^{20}\alpha_a INDUSTRY_{i,t}+\sum_{b=1}^{5}\alpha_b YEAR_{i,t}+\varepsilon_{i,t}$$

（公式4-7）

其中，EARSM1为代表盈余平滑性的自变量，Roll为采用间接价差度量的股票流动性，其他控制变量定义与经济含义见表4-1。

表4-1　**控制变量定义与经济含义**

变量名称	变量类型	变量定义	变量含义
Stock	连续变量	流通股数的自然对数	流通股规模
LEV	连续变量	总负债比总资产	负债水平，融资决策的差异
BM	连续变量	权益的账面价值比市价	无形资产水平与盈余的预期增长性
STDRET	连续变量	股票月收益率的标准差	股价的波动性
ROE	连续变量	净资产收益率	企业的盈利能力
Board	连续变量	董事会规模的自然对数	公司治理能力
INDUSTRY	虚拟变量	按证监会行业分类标准，制造业取两位行业代码	控制行业的影响
YEAR	虚拟变量	会计年度	控制年度的影响

4.4.2　样本选取

市场交易数据和公司特征数据均来自国泰安数据库。样本选取2005—2021年的A股市场上市公司，选择这一段时期的原因是，A股市场成立初期缺乏有效的制度环境，投资者盲从并缺乏理性。而自2004年始，国务院出台了《关于推进资本市场改革开放和稳定发展的若干意见》，全国人大常委会审议通过了《公司法》和《证券法》的修正案，中国证监会也开始推行首次公开发行股票向机构投资者的询价制度和股东分类表决机制，并于2005年4月29日发布了《关于上市公司股权分置改革试点有关问题的通知》。一系列改革措施的出台有效地强化并巩固了资本市场发展的战略地位及战略措施，可以说，从2005年开始，A股市场才开始实现真正的健康稳定发展。

本部分的研究设计剔除了金融类上市公司，由于特殊处理的上市公司每日股票价格涨跌幅度限制在5%以内，与正常上市公司不同，因此剔除ST、SST、*ST样本公司；剔除当年增发的上市公司样本；剔除当年上市的样本公司，剔除年交易天数低于30天的样本公司，连续变量在1%的水平上缩尾。同时，为了获得度量盈余平滑性的数据，必须保证上市公司的上市时间在连续两年以上，并取t-2时期的值，经过与流动性指标的匹配，最终获得样本观测值12 210个。

4.5 实证结果

本部分列示及分析了样本的描述性统计情况、回归前对主要变量进行的相关性检验、回归结果以及稳健性检验结果。

4.5.1 描述性统计

连续变量的描述性统计见表4-2。

表4-2 连续变量的描述性统计

变量名	样本量	均值	标准差	最小值	最大值
Roll	12 210	0.056	0.0148	0.0275	0.0961
Lev	12 210	0.419	0.234	0.00708	9.699
Roe	12 210	0.0833	2.115	−23.9	221.4
Board	12 210	2.116	0.196	0	2.89

续表

变量名	样本量	均值	标准差	最小值	最大值
BM	12 210	0.604	0.241	0.00386	1.484
Stock	12 210	19.48	1.111	17.11	22.13
Stdret	12 210	0.133	0.064	0.0414	0.374
EARSM1	12 210	1.3386	3.6653	0.0012	118.9323

从各变量的描述性统计结果可以看出，被解释变量Roll的取值较小，且浮动范围较窄，在0.02~0.1之间，这与该变量的度量方式直接相关。盈余稳健性的标准差最大，为了剔除异常值，在回归前会对样本进行缩尾处理。董事会规模、流通股规模在取了自然对数后，标准差均在合理范围内，无较大波动。

4.5.2 相关性检验

Pearson 相关系数检验见表4-3。

表4-3　　**Pearson 相关系数检验**

变量名	Roll	EARSM1	Lev	Roe	Board	BM	Stock	Stdret
Roll	1.0000							
EARSM1	0.0644	1.0000						
Lev	-0.0590*	0.0232*	1.0000					
Roe	-0.0250	-0.1029*	-0.0217	1.0000				
Board	-0.0933*	-0.0314	0.0943*	0.0147	1.0000			
BM	-0.3772*	-0.0377	0.2962*	-0.0190	0.0966*	1.0000		
Stock	-0.1745*	-0.0161*	0.2780*	0.0005	0.1664*	0.2296*	1.0000	
Stdret	0.4877*	0.0402	-0.0069	-0.0286	-0.0414*	-0.2996*	-0.1307*	1.0000

注：* 代表各变量之间的相关性显著。

相关性检验的结果表明，两个盈余流动性的指标之间存在不显著的关系。此外，这两个指标与主要的被解释变量——股票流动性正相关。控制变量与被解释变量之间存在比较符合预期方向的显著相关性。其中，财务杠杆、盈利能力、董事会规模、市账比、流通股规模与相对价差负相关，股票收益率的波动性与股票价差正相关。从相关性检验结果来看，选择的控制变量能够部分对因变量起到解释作用，构建的模型合理。

4.5.3 回归检验

为了检验假设，采用OLS回归，将所有变量全部代入回归方程公式（4-7），并按照不加控制变量和加入全部控制变量分别进行回归，结果如表4-4所示。

表4-4　　盈余平滑性与股票流动性的OLS回归结果

项目	Roll	Roll	Roll	Roll
EARSM1	-0.000233***	-0.000144*	-0.000103*	-0.000122*
	(8.59e-05)	(7.66e-05)	(5.90e-05)	(6.33e-05)
Lev		0.00260***	0.00248***	0.00412***
		(0.000940)	(0.000818)	(0.00112)
Roe		-7.41e-05	-9.21e-05**	-9.95e-05**
		(5.80e-05)	(4.42e-05)	(4.69e-05)
Board		-0.00179*	-0.000952	0.00132
		(0.000975)	(0.000828)	(0.00118)
BM		0.00143*	-0.00208***	0.000101
		(0.000735)	(0.000740)	(0.000957)

续表

项目	Roll	Roll	Roll	Roll
Stock		-0.00268^{***}	-0.00185^{***}	-0.00161^{***}
		(0.000193)	(0.000212)	(0.000334)
Stdret		0.0867^{***}	0.0585^{***}	0.0526^{***}
		(0.00221)	(0.00213)	(0.00231)
Constant	0.0545^{***}	0.0983^{***}	0.0814^{***}	0.0672^{***}
	(0.000474)	(0.00442)	(0.00447)	(0.00781)
年份	未控制	未控制	控制	控制
行业	未控制	未控制	控制	控制
个体	未控制	未控制	未控制	控制
样本数	12 210	12 210	12 210	12 210
R^2	0.0011	0.2295	0.5372	0.4685

注：①括号里为t统计量；

②* $p < 0.1$，** $p < 0.05$，*** $p < 0.01$。

回归的拟合度较好，除未加控制变量的回归外，其他模型整体显著，拟合度较高。从回归结果看，代表盈余平滑性的解释变量EARSM1系数均显著，与假设4-1一致，即盈余平滑性越高，上市公司的股票相对价差越小，流动性越好。表明投资者认为盈余的平滑性代表了企业盈余的持续性和稳定性，交易者对公司未来盈余的预期一致，买方报价与卖方报价趋于一致，降低了撮合难度，流动性有所提高。在控制了年份和行业以后，结果依然显著。其他控制变量与预期一致，根据其他控制变量的回归结果，流通股规模较大、市账率比值较高，董事会规模大且盈利的公司流动性相对较好，高财务杠杆的公司流动性较差。股票的波动性越大，买卖价差越大，流动性越差。这与靳文汇和杨文（2002）的回归结果一致。根据他们的分析，波动性越大意味着市场中投资者对未来价格的预期之间存在的差异越大，因此买卖报价价差也就越大。

4.5.4 稳健性检验

（1）替换解释变量。

为了验证回归结果的准确性，采用第二种度量平滑性的方式，即会计利润与经营性净现金流波动性之比（EARSM2），具体是用经总资产平减后的净利润标准差除以总资产平减后的经营性现金流标准差（标准差用三年的数据计算）。将解释变量代入公式（4-7），结果如表4-5所示。

表4-5 替换盈余平滑性的OLS回归结果

项目	Roll	Roll	Roll	Roll
EARSM2	-0.000139***	-7.76e-05*	-0.000102***	0.000104***
	(4.84e-05)	(4.08e-05)	(3.29e-05)	(3.90e-05)
年份	未控制	未控制	控制	控制
行业	未控制	未控制	控制	控制
个体	未控制	未控制	未控制	控制
样本数	12 210	12 210	12 210	12 210
R^2	0.0011	0.4685	0.5372	0.4567

注：①括号里为t统计量；

②* $p < 0.1$，** $p < 0.05$，*** $p < 0.01$。

改变盈余平滑性的度量方式后，回归基本不变，主要变量EARSM2的系数均显著为负，表明回归结果基本稳健。

（2）替换被解释变量。

为了验证回归结果的准确性，本书参考苏冬蔚和麦元勋（2004）、周芳和张维（2011）、陈辉和顾乃康（2017）的研究，进一步引入Illiq变量、ZEROS指标和换手率（Tover）作为股票流动性的替代变量。股票流动性的内涵丰富，相对价差仅反映了交易的深度，也可从交易广度（换手率）以及流动性的逆向指标——非流动性指标综合考量。后者反映了交易量对价格的冲击程度，也就是市场对突然涌入的大量交易的吸收能力或缓冲能力。因此，上述三个变量从不同维度反映了股票的流动性高低。因此，采用公式4-4和公式4-5估计Illiq变量和ZEROS指标，换手率直接来自国泰安数据库，替换被解释变量，重新回归结果如表4-6所示。

表4-6　　**替换股票流动性的OLS回归结果**

项目	Illiq	ZEROS	Tover
EARSM1	-0.008503*	0.000261**	0.0154*
	（0.000133）	（0.000110）	（0.00886）
年份	控制	控制	控制
行业	控制	控制	控制
样本数	12 210	12 210	12 210
R^2	0.0312	0.3448	0.3840

注：①括号里为t统计量；

②* $p < 0.1$，** $p < 0.05$，*** $p < 0.01$。

替换被解释变量后，盈余平滑性与非流动性指标显著负相关，与ZEROS和换手率均正相关，表明在股票流动性的不同层面，盈余的持续性均能产生积极的作用，即降低相对价差、提高换手率、提高零交易率的相对天数，缓解非流动性，回归结果基本稳健。

（3）聚类分析。

由于回归采用时间序列和横截面混合的数据，同时时间序列的长度较短，因此，本部分采用聚类分析的方法对回归模型重新估计，以验证回归结果的稳健性。

同一上市公司不同年度回归的残差可能并非独立同分布，而是存在相关关系，因此，采用公式4-7，重新按照公司层面进行聚类回归。回归结果如表4-7所示，按公司聚类之后的回归结果基本不变，解释变量EARSM1系数仍然显著为负，表明回归通过聚类检验，结果稳健。

表4-7　　**聚类分析与Fama-MacBeth检验回归结果**

项目	聚类分析	Fama-MacBeth检验
	Roll	Roll
EARSM1	-0.009709^{***}	0.0058^{***}
	（5.70）	（3.63）
行业	控制	控制
年度	控制	
N	12 210	12 210
R^2	0.7132	0.7121

注：①括号里为t统计量；

②* $p < 0.1$，** $p < 0.05$，*** $p < 0.01$。

（4）Fama-MacBeth检验。

为了避免回归中可能出现的残差自相关问题，根据Fama和MacBeth（1973），按年度分别做横截面数据的回归，再计算各年度回归系数以及t值的均值，结果作为样本总体的回归结果，这样可以较为有效地避免残差自相关的问题，保证回归结果的稳健性。依然采用公式4-7，回归结果在表4-7中的第二列，可见，EARSM1的系数依然显著为负，主要解释变量与原回归结果基本一致。回归结果通过Fama-MacBeth检验。

4.6 本章小结

根据上一章对盈余质量影响股票流动性的理论应用，本章着重检验代表盈余质量中的平滑程度对股票流动性的影响。实证结果表明，采用盈余与现金流的相关系数或盈余与现金流的波动性之比，都得出相似的结论：上市公司的盈余平滑性越高，公司的股票流动性越好。也就是说，作为市场力量的投资者能够关注并辨识出盈余质量的高低，并反映在随后交易的报价和活跃程度上。虽然已有文献讨论过投资者是否能够识别出总盈余中现金流和应计盈余的区别，结论并不一致，但本部分的研究结论表明，投资者能够识别并理解应计盈余与现金流盈余的不同，以及二者在预测公司未来盈余持续性中的差异作用。基于这样的研究结论，上市公司有必要改善盈余的平滑性，以此提高股票的流动性。同时，盈余平滑性的改善不应是以盈余操纵或隐瞒不良信息实现，而应是提高企业自身的造血能力，减少应计或会计政策选择带来的“操控性盈余”，增加企业提高经营能力实现的“非操控性盈余”。盈余平滑性对股票流动性的促进作用可以形成对上市公司对外披露的盈余质量的软约束，成为上市公司提高盈余质量的动力。其他影响流动性的控制变量也符合预期。通过替换解释变量、聚类分析、Fama-French检验的方法进行稳健性检验，主要变量盈余持续性均通过检验，回归结果更为稳健。

5

盈余持续性与股票流动性

盈余持续性是盈余的时间序列特征，反映了本期实现的会计盈余在未来各期实现的可能性。盈余持续性较好，表示盈余的质量较高。这一前提假定已被国内外的学者广泛接受（Dechow等，2010）。当盈余更具有持续性、更稳定时，人们对企业未来现金流的预测更准确，利用未来现金流估计的企业价值也更准确。因此，本部分尝试检验盈余持续性与股票流动性之间的关系。

5.1 盈余持续性的度量

Kormendi和Lipe（1987）、Lev（1989）从时间序列的角度将盈余持续性定义为盈余创新（未预期的部分）对预期未来盈余的影响。Lipe（1990）从盈余自相关的角度来界定持续性，认为无论某个盈余创新的大小和符号，持续性都是指当期的盈余创新成为盈余序列一个永久性部分的程度。还有一些学者从当期盈余对未来盈余预测能力的角度来界定盈余持续性，也即在线性回归模型中用当期盈余（或者盈余组成部分）预测未来盈余，回归系数越大，盈余持续性就越高。例如，Sloan（1996）和Richardson等（2005）认为盈余持续性是指盈余业绩持续到下一期的程度。Choi（1995）把持续性定义为当期盈余能在未来保持或提高的可能性，因为持续性较高的盈余信息能够提高预测未来盈余的准确性，具有较高的预测价值，符合会计信息质量的要求。度量盈余持续性的方式有以下三种：

（1）时间序列模型。盈余的持续性是一种时间序列的特性，因此可以用简单直观的盈余前后期比较来直接衡量，或基于此构造一个变量来衡量。对于多年份盈余持续性，可以运用自回归移动平均模型（ARIMA）来计量，Collins和Kothari（1989）、Baginski（1999）、

Riahi-Belkaoui和AlNajjar（2002）、Riahi-Belkaoui（2003）、王化成和程小可（2006）等使用了该方法。

（2）基础变量计算法。Lev和Thiagarajan（1993）发现基于时间序列模型求得的取值不能很好地代表盈余持续性，而且投资者也无法在实际中应用时间序列模型。因此他们使用了12个价值相关的基础变量来计算综合得分，发现该得分与基于时间序列衡量的持续性指标相比，与股票市场反应的相关性更强，这说明使用基础变量衡量的指标更能够反映投资者对盈余持续性评估的结果。

（3）财务指标分析法。该方法基于会计系统来判别出盈余中持续性较好的成分，并以该部分占总盈余的比重来度量盈余持续性，比重越高，持续性越好。但是该方法不能完全界定清楚何种盈余的持续性较好，因此在实证中使用的指标并不统一。

以上三种方法也有各自的优缺点：时间序列模型法在估计盈余长期趋势时具有很好的准确性和优势，但计算起来比较复杂，并且要求有相当长时期的时间序列数据，最好为20期以上；基础变量计算法需要加入许多主观判断，为基础变量赋分，准确性有待商榷；财务指标分析法也需要主观判断选出合适的指标，但根据持续性的本质特点，有公认的财务指标可以代表持续性。本书研究的上市公司存续时间不一，超过20年的样本数量较少，不适合用ARIMA模型计算，因此本书尝试采用财务指标分析法来度量盈余持续性。

财务指标分析法使用盈余中持续性较好的部分占总盈余的比重来衡量盈余持续性。对于“持续性较好的盈余”虽需要主观判断，但从企业基本面上说，企业不会在短期改变主要的经营活动，由此产生的盈余的持续性应当好于偶发性经济活动产生的盈余。因此企业主要经营活动产生的盈余持续性较好。为了最大程度地避免主观选择导致的偏差，本书选择不同层次的盈余来进行稳健性检验。我们分别用两种利润作为可持续性盈余，分别是PER_a和PER_b。PER_a越大，说明可持续盈余占本期利润总额的比率越高，盈余持续性越好。其计算公式如下：

$$PER_a=\sum_{t=1}^{3}\frac{利润}{利润总额}/3 \quad （公式5-1）$$

其中，利润为企业的主营业务利润，利润＝营业收入-营业成本-营业税金及附加-管理费用-财务费用-销售费用，使用连续三期的平均值避免短期内的偶然因素。

为了进一步验证这种度量方式的准确性，在稳健性检验中，采用PER_a基础上的另一种度量盈余持续性的指标PER_b，公式如下：

$$PER_b=\sigma\left(\frac{利润}{利润总额}\right) \quad （公式5-2）$$

括号里的计算方式与PER_a一致，均用年度的营业毛利减去期间费用后除以利润总额，PER_a是三期的平均值，PER_b则是连续三期的标准差。标准差越小，表明盈余的波动性越小，持续性应该越高。

5.2 理论分析与研究假设

在发挥估值或契约约束作用时，会计盈余的高持续性被看作为一个理想特征，可持续的盈余通常表明平稳的经营水平和较高的管理水平，有利于降低经营风险、财务风险，提高公司价值。财务分析师在判断高质量盈余时通常会考虑盈余持续性这一特征，在进行盈余预测时都会去除可疑的会计处理以及一次性项目，通过这种方式将会计盈余调整为高质量盈余。试图确定公司内在价值的基本面分析也非常看重具有持续性的盈余，盈余的持续性越高，财务报告的质量越高，持续性较高的盈余有利于公司增值。盈余持续性与股票市场的估值一直息息相关。已有经典文献证明，当盈余中未预期的部分持续性较强时，盈余反应系数更大，表示市场的反应更强烈（Ohlson，1996）。持续性较高的盈余预测未来现金流更准确。

可以看出，持续性是公认的代表高质量盈余的特征。那么盈余持续性较高的上市公司盈余质量较高，也就表示对于知情与不知情的两类投资者来说，从公开渠道获得的这一信息更加真实可靠，即使是不知情交易者也可以通过高持续性的盈余预测公司未来的现金流情况，对上市公司的内在价值作出更合理的判断，这样会有效抑制知情交易者有意压低或抬高报价的动机，进而缩小买卖报价，降低逆向选择成本，交易更易达成。此外，这类股票也会吸引更多不知情投资者参与交易，扩大成交量，活跃交易程度，进一步促进流动性的提高。相反，如果上市公司的盈余持续性较低，不知情交易者无法判断公司未来的盈利状况，知情交易者有机会利用不知情交易者的风险更高，导致买卖价差扩大，交易成本提高，交易完成难度更大，流动性也较低。同时，理性的不知情交易者也会选择避免交易这类股票，进而影响成交量，降低流动性。此外，投资者，尤其是不知情交易者也会较为青睐盈余持续性较高的上市公司股票。交易人数较多，发出的订单指令较多，也能够提高流动性。因此提出假设：

假设5-1：盈余持续性越高的上市公司，其股票的流动性越高。

5.3 研究设计

根据理论基础、研究假设和已有可参考的文献，设立回归模型、筛选样本并报告回归结果。

5.3.1 模型的设立

除了盈余质量，根据已有文献，影响流动性的其他因素包括公司盈利性、成长性，股票收益率的波动性、董事会规模等，均为控制变量。根据假设，建立模型如下：

$$Roll_{i,t}=\beta_0+\beta_1 PER_{ai,t-1}+\beta_2 Stock_{i,t-1}+\beta_3 ROE_{i,t-1}+\beta_4 BM_{i,t-1}+\beta_5 STDRET_{i,t}+\beta_6 LEV_{i,t}+\beta_7 Board_{i,t-1}+\sum_{a=1}^{20}\alpha_a INDUSTRY_{i,t}+\sum_{b=1}^{5}\alpha_b YEAR_{i,t}+\varepsilon_{i,t}$$

（公式5-3）

其中，PER_a代表盈余。同样地，其他影响流动性的因素，如流通股总数、盈利性、财务杠杆、股票收益的波动性以及代表公司治理能力的董事会规模等，也均作为控制变量。模型中的控制变量与公式4-7中的变量定义一致。

5.3.2 样本选取

本部分的回归样本仍选取2005—2021年度沪市与深市的A股上市公司，剔除上市时间不满三年的公司，剔除金融类上市公司，这类公司的财务报告内容较为特殊，因此不列入样本范围；剔除ST、SST、*ST样本公司，这类公司常年亏损，财务风险较大，也不列入样本范围；剔除当年增发的上市公司样本；剔除当年上市的样本公司，这两类公司易成为炒作题材，股票的流动性受到的非正常干预较多，因此予以剔除；剔除年交易天数低于30天的样本公司，此类公司交易数据不足，可能发生影响股票流动性的重大事件，如并购、重组等，因此予以剔除。剩余的样本总数为12 201个，并对样本按1%的水平进行缩尾。上市公司股票交易数据、公司财务数据和公司治理数据均来自国泰安数据库。

5.4 实证结果

本部分列示及分析了样本的描述性统计情况、回归前对主要变量进行的相关性检验、回归结果以及稳健性检验结果。

5.4.1 描述性统计

鉴于这一部分除解释变量外，其他变量与第4章基本相同，因此只对新的解释变量做描述性统计，观察样本总体各变量的均值、中位数、标准差以及最小值和最大值，结果见表5-1。

表5-1 **连续变量的描述性统计**

变量名称	样本量	均值	中位数	标准差	最小值	最大值
PER_a	11 201	0.630023	0.931238	6.258296	-310.2212	123.4806
PER_b	11 272	1.153613	0.206304	10.65089	8.55e-06	536.2384

从各变量的描述性统计结果来看，表5-2与表4-2中相同的变量基本结果一样。盈余持续性的变量PER_a、PER_b取值的范围有所不同。根据二者的公式，PER_a是营业毛利扣除销售费用、管理费用和财务费用与利润总额之比，后者作为企业三项期间费用，与每个期间的收益相配比，企业每期的业务水平有一定的因果关系。这部分利润是企业最核心、最稳定的盈利来源，持续性最好。所占利润总额越高，持续性越好。表5-1中这一变量的均值在0.6左右，中位数为0.93，中位数和均值相差巨大，表明总体样本中盈余持续性高于平均水平的观测值比较多。PER_b是根据PER_a计算的连续三期利润比的标准差，数值越小，代表盈余的持续性越高。与PER_a相反，PER_b的样本均值高于中位数，表明整体样本中，盈余持续性高于平均水平的观测值比较

多，与PER_a的观测结果一致。解释变量的标准差较大，因此会按照1%的水平进行缩尾处理。

5.4.2 回归结果

为了检验假设，采用OLS回归，将所有变量全部代入回归方程公式5-3，分别对单独的解释变量PER_a、所有解释变量和控制变量、控制年份和行业的固体效应、控制个体固定效应进行回归，结果如表5-2所示。

表5-2 盈余持续与股票流动性的OLS回归结果

项目	Roll	Roll	Roll	Roll
PER_a	-0.00233**	-0.000305**	-0.000513***	-0.000816**
	(8.59e-05)	(2.23e-05)	(1.80e-05)	(2.45e-05)
lev		0.00153**	-0.000239	0.00269***
		(0.000649)	(0.000573)	(0.000892)
Roe		-5.70e-05	-5.69e-05	-5.33e-05
		(6.16e-05)	(4.85e-05)	(6.45e-05)
Board		-0.00169**	-0.000885	0.00118
		(0.000781)	(0.000707)	(0.00133)
BM		-0.00110*	-0.00230***	0.00102
		(0.000635)	(0.000652)	(0.000837)
Stock		-0.00224***	-0.00146***	-0.00244***
		(0.000138)	(0.000147)	(0.000188)
Stdret		0.0886***	0.0591***	0.0822***
		(0.00198)	(0.00196)	(0.00217)

续表

项目	Roll	Roll	Roll	Roll
Constant	0.0545***	0.0919***	0.0759***	0.0888***
	(0.000474)	(0.00313)	(0.00328)	(0.00490)
年份	未控制	未控制	控制	控制
行业	未控制	未控制	控制	控制
个体	未控制	未控制	未控制	控制
样本数	12 201	12 201	12 201	12 201
R^2	0.0011	0.2046	0.4899	0.3800

注：①括号里为t统计量；

②* $p < 0.1$，** $p < 0.05$，*** $p < 0.01$。

从表5-2可以看出，除了单独与解释变量进行回归，在控制了年份、行业和个体的固体效应后，回归的拟合度较好，模型整体显著。具体看各列回归结果，各组结果较为接近，代表盈余持续性的解释变量PER_a系数显著，且与预期的方向一致。但回归系数都较小，表明盈余持续性对流动性的影响很小。回归结果证明假设5-1成立，即盈余持续性越好，公司个股的流动性越好。同时，作为控制变量的流通股规模、市账比、股票收益率的波动性都有较为显著的回归结果。公司的成长性越高、流通股规模越大，相对价差越小，股票的流动性越大，公司的股票收益率的波动性越大，相对价差越大，股票的流动性越小，与第四部分的回归结果一致。

5.4.3 稳健性检验

（1）替换解释变量。

为了验证回归结果的准确性，稳健性检验首先采用PER_b代替

PER_b进行回归检验，回归结果见表5-3。

表5-3　替换盈余持续性的OLS回归结果

项目	Roll	Roll	Roll	Roll
PER_b	0.0000344*	6.68e-06**	0.0000129***	0.0000157***
	(1.43e-05)	(1.31e-05)	(1.05e-05)	(1.44e-05)
年份	未控制	未控制	控制	控制
行业	未控制	未控制	控制	控制
个体	未控制	未控制	未控制	控制
样本数	12 201	12 201	12 201	12 201
R^2	0.0010	0.2057	0.4917	0.2890

注：①括号里为t统计量；

② * $p < 0.1$，** $p < 0.05$，*** $p < 0.01$。

回归结果符合预期，与采用PER_a做持续性代理变量的结果基本一致。回归模型整体显著，各变量系数均显著，通过检验，并且方向也与PER_a的回归结果相同。理论上PER_a与PER_b互为替代变量，都能代表盈余的持续性，但方向相反。采用具有同一含义但表达方式不同的变量得出同样的结果，进一步证明了假设5-1，盈余持续性越高的上市公司，股票流动性越好。

（2）替换被解释变量。

为了验证回归结果的准确性，本章仍采用Illiq变量、ZEROS指标和换手率（Tover）作为股票流动性的替代变量。采用公式5-3，替换被解释变量重新回归结果见表5-4。

表5-4　　**替换股票流动性的OLS回归结果**

项目	Illiq	ZEROS	Tover
PER_a	−0.000513*	0.000104**	0.001025*
	(−0.00158)	(0.000230)	(0.000748)
年份	控制	控制	控制
行业	控制	控制	控制
样本数	12 201	12 201	12 201
R^2	0.0100	0.3163	0.4029

注：①括号里为t统计量；

②* $p < 0.1$，** $p < 0.05$，*** $p < 0.01$。

替换被解释变量后，盈余持续性与非流动性指标显著负相关，与ZEROS、换手率均显著正相关，表明在股票流动性的不同层面，盈余的持续性均能产生积极的作用，即降低相对价差、提高换手率、提高零交易率的相对天数，缓解非流动性，回归结果基本稳健。

（3）聚类分析。

除了采用替代变量的方式进行稳健性检验外，由于本章选用的回归样本与第4章的样本类似，同样是时间序列和横截面混合的数据，时间序列的长度较短，因此拟同样采用聚类分析以及Fama和MacBeth（1973）的方法对回归模型重新估计，以验证回归结果的稳健性。

同一上市公司不同年度回归的残差可能并非独立同分布，而是存在相关关系，因此根据公司做聚类回归。回归结果见表5-5，按公司聚类之后的回归结果基本不变，表明回归通过聚类检验，结果稳健。

表5-5　　聚类分析与Fama-MacBeth检验回归结果

项目	聚类分析	Fama-MacBeth检验
	Roll	Roll
PER_a	-0.009709^{***}	-0.0590^{*}
	（5.70）	（-1.51）
行业	控制	控制
年度	控制	
N	12 201	12 201
R^2	0.5081	0.7121

注：①括号里为t统计量；

②* $p < 0.1$，** $p < 0.05$，*** $p < 0.01$。

（4）Fama-MacBeth检验法。

同样是为了避免横截面与时间序列同时存在的混合数据中，可能出现的残差非独立同分布，甚至自相关的情况，采用Fama-MacBeth的方法进一步进行稳健性检验，按年度分别做横截面数据的回归，用各年度回归系数、t值的均值作为样本总体的回归的系数和t值，避免了残差自相关的问题，回归结果见表5-5。由回归结果可以看出，主要解释变量PER_a的方向与基本回归的结果一致，通过Fama-MacBeth检验，回归结果较为稳健。

5.5　本章小结

本章运用在第3章中阐述的盈余质量影响股票流动性的基本分析框架，将盈余持续性代入其中，基于盈余持续性的特点，分析其所揭示的公司盈余质量特征，以及由此传递给投资者的关于公司基本面的信息特征，并检验盈余持续性对上市公司个股流动性的影响。实证结果表明，上市公司盈余持续性越高，公司股票的流动性越好。盈余持续性反映了上市公司盈余的稳定性和持久性。管理层调节盈余往往是以牺牲未来会计期间的收益为代价的，比如提前确认收入或者延后确认费用、损失等。因此，低质量的盈余难以维持较长时间的盈利稳定。投资者通过财务报告能够识别出上市公司盈余持续性的高低，这类上市公司的信息质量较高，信息环境较为透明。投资者在接受这一信号后，能够对股票发出合理的指令报价，同时，这类公司也能够吸引没有私人信息渠道的不知情交易者进行交易，股票交易的活跃程度较高。此外，其他影响流动性的控制变量也有符合预期的回归结果。通过替换解释变量、聚类分析、分年回归的方法进行稳健性检验，主要变量盈余持续性均通过检验，为回归结果提供了更为有力的保障。

6

盈余稳健性与股票流动性

稳健原则自中外会计理论与实务自产生与发展以来一直存在，并且是具有重要作用的原则之一。稳健性是指当某些经济业务或会计事项存在不同会计处理方法和程序时，会计人员应在不影响合理选择的前提下，保持必要的谨慎，尽可能选择不虚增利润和夸大所有者权益的方法和程序进行会计处理，既不高估资产或收益，也不低估负债或费用的基本原则。一般而言，及时确认损失的稳健性的应用能够提高财务报表总体上的有用性，特别是在公司治理和债务协议方面（Ball和Shivakumar，2005）。例如，股东可以利用稳健性原则有效地抑制管理者进行不对称披露的机会主义行为，减少股东与管理者之间的代理成本。资本市场将稳健性视为提高质量盈余的原则（Ball等，2003；Ball和Shivakumar，2005；Pae等，2005；Ball等，2008）。尽管如此，也有学者对稳健性提出了质疑。Hanna（2002）认为，“洗大澡”（Big Bath）、创造性购并会计（Creative Accounting）以及各种减值准备的盈余管理行为也会造成资产低估这一稳健性的表象。作为稳健性在会计中运用的重要体现的资产减值准备的计提和转回有时会成为上市公司避免被ST或退市的一个非常重要的利润操纵工具（戴德明等，2005；王建新，2007）。姜国华和张然（2007）指出，大量的案例表明稳健性原则被大量企业利用来进行利润操纵和管理，最典型的就是“洗大澡”现象。无条件的稳健主义是否对决策更有用仍存在争议（Givoly等，2010；Armstrong等，2010a）。本书的作者虽然支持盈余稳健性能够代表高质量盈余这一观点，但不能忽视文献中认为稳健性是企业进行掩饰盈余管理行为的工具的观点。本章尝试检验盈余稳健性对股票流动性的影响，在选取样本时，经常徘徊在ST和正常上市边缘的公司被剔除，并进行大样本检验，当然样本中不能完全排除“洗大澡”公司的存在，因此在研究设计时，尽可能将存在“洗大澡”或其他利用稳健原则低估资产、实则操纵利润的公司与单纯遵循稳健原则，盈余质量较高的公司区分开来，以获得更可靠的检验结果。

稳健性包括盈余的稳健性，即利润表的稳健性，以及资产负债表的稳健性，尤其是指稳健原则对净资产的影响。因此稳健性研究有两种视角，本书基于第一种研究视角，探讨盈余的稳健性。

6.1 盈余稳健性的度量

在经验研究中，国外学者通过研究资本市场中股票收益对利好消息（盈利）和利空消息（亏损）在时间上确认的不对称程度(asymmetric timeliness)，尝试估计稳健性的程度。其中最常被引用的是Basu（1997）的盈余-股票收益反转回归模型。

$$\frac{EPS_{i,t}}{P_{i,t-1}}=\alpha_0+\alpha_1 D_{i,t}+\beta_0 Ret_{i,t}+\beta_1 D_{i,t}\times Ret_{i,t}+\varepsilon_t \quad \text{（公式6-1）}$$

其中，EPS_t为公司t年度的每股盈余；P_{t-1}是第t-1年年初的每股价格；Ret_t是公司t年度的股票累计收益率；D_t为虚拟变量，当Ret为负值时取1，反之为0。

设立该模型的原理是：在有效市场的前提下，股票价格能够反映盈余信息。如果股票的年度收益率为负，则代表“坏消息”，即公司出现了经济损失；如果年度收益率为正，代表“好消息”，即公司收获了经济利润；会计收益与股票价格之间的相关系数β_0、$\beta_0+\beta_1$分别代表会计收益对利得和损失确认的及时性。β_1表示会计盈余确认坏消息比确认好消息的增量及时性。因此如果理论上稳健性存在的话，β_1显著大于零时能够通过假设的检验。

此外，Basu（1997）还提出了另一种度量稳健性的方法：

$$\Delta NI_{t+1}=\alpha_0+\alpha_1 NEGDUM_t+\alpha_2\Delta NI_t+\alpha_3\left(NEGDUM_t\times\Delta NI_t\right)+\varepsilon_t \quad \text{（公式6-2）}$$

其中，ΔNI_{t+1}是会计盈余年度的变化值，是虚拟变量，当ΔNI_{t+1}为负值时取1，否则取0。如果坏消息的确认比好消息及时，负的盈余变化持续的时间较短，也就是说，负的盈余变化反转得比正的盈余变化更快，因此$\alpha_3<0$时假设通过检验。这一模型是利用不同正负盈余变化的持续性或者反转性的速度不同这一基本思想设立的。Basu（1997）发现了支持这一假设的证据。

第二个模型多用于对第一个模型的稳健性检验。当然，对二者的质疑也一直存在（Givoly 等，2007；Dietrich 等，2007），其一是前提假定的市场有效性是否存在；其二是股票价格反映了上市公司所有信息，不仅是盈余信息；其三，也是最重要的一点，是股票收益率与会计盈余存在一定的内生性，由此设立的模型解释变量与被解释变量可能存在线性相关，随机误差非独立同分布，模型无法满足无偏有效的基本要求。因此随后出现了对Basu（1997）模型的改进与扩展——稳健性指数。Khan 和 Watts（2007）设计了稳健性指数（C_Score），在控制了可能影响盈余稳健性的公司规模、市值与账面价值比率和负债率后对盈余稳健性的度量。运用净资产市值和市账比能够度量资产负债表的稳健性。他们发现，当在长期内累积计算非对称及时性指标时，资产负债表的稳健性与盈余稳健性趋向一致，呈正相关关系。因此，在多期间内累积计算非对称及时性度量指标可以更有效地度量稳健性。本书也借鉴Khan 和 Watts（2007）、邱月华和曲晓辉（2009）的盈余稳健指数法对盈余的稳健性进行度量。

稳健性指数的计算方法如下所示：首先运用公式（6-3），采用年度横截面数据进行回归，可估计出$\lambda_{1,t}$、$\lambda_{2,t}$、$\lambda_{3,t}$、$\lambda_{4,t}$等系数，然后将这些系数代入公式（6-4），计算出的指数便可以代表公司/年度的盈余稳健性程度。

$$\frac{EPS_{i,t}}{P_{i,t-1}}=\beta_{1,t}+\beta_{2,t}DR_{i,t}+（\mu_{1,t}+\mu_{2,t}Size_{i,t}+\mu_{3,t}MB_{i,t}\mu_{4,t}+Lev_{i,t}）\times Ret_{i,t}+$$

$$（\lambda_{1,t}+\lambda_{2,t}Size_{i,t}+\lambda_{3,t}MB_{i,t}+\lambda_{4,t}Lev_{i,t}）\times DR_{i,t}\times Ret_{i,t}+\varepsilon_{i,t} \quad （公式6-3）$$

$$C\_Score=\lambda_{1,t}+\lambda_{2,t}Size_{i,t}+\lambda_{3,t}MB_{i,t}+\lambda_{4,t}Lev_{i,t} \quad （公式6-4）$$

其中，EPS_t为公司t年度的每股盈余；P_{t-1}是第t-1年年末的每股价格；Ret_t是公司t年度的股票累计收益率；$D_{i,t}$为虚拟变量，当$Ret_{i,t}$为负值时取1，反之为0；$Size_{i,t}$代表公司规模，是总资产的自然对数；$MB_{i,t}$是公司市值与账面价值的比率，即市账比；$Lev_{i,t}$是公司的资产负债率。$Ret_{i,t}$的计算公式如下：

$$Ret_{i,t}=\prod_{j=-4}^{s}\left(1+R_{i,j}\right)-1-R_{mt} \quad （公式6-5）$$

$R_{i,j}$是i公司第j个月考虑现金红利再投资的累积收益率，R_{mt}表示t年度按深圳证券交易所和上海证券交易所分别计算的全部股票累积年度收益率的均值；连续十二个月的累计收益率是从当年的五月到次年的四月，与年报的报告时间一致。

6.2 理论分析与研究假设

稳健性作为会计的基本原则由来已久，Basu（1997）认为，稳健性对会计实务的影响至少有500年的历史。为了贯彻IASB和FASB通行的稳健会计政策，我国自1992年颁布的《企业会计准则》中就正式确立了稳健性原则在中国会计准则中的地位；随后，1998年出台的《股份有限公司会计制度》及其补充规定进一步强调了稳健性原则的运用，不但对应收账款计提坏账准备由原来的允许改为强制要求，而且将稳健性原则的应用范围扩大到短期投资、存货和长期投资项目；第三次改革是2000年颁布的《企业会计制度》，新制度再一次扩大了稳健性的应用范围，将企业资产减值准备的计提范围从原有的四项资产扩大到八项资产；最近一次会计制度改革是2006年颁布的《企业会计准则》，在继续强调稳健性原则的同时，将资产减值损失的确认范围扩大到几乎面向所有的资产类型，同时规定长期资产的减值损失一经确认就不得转回。在近十几年的时间里，我国先后通过四次重大的会计制度改革，逐步提升了上市公司会计信息质量的稳健性要求。准则制定者这样逐步强调稳健性的目的是想解决现实中一些企业虚盈实亏等问题，以此夯实我国上市公司的报告利润，提高会计信息质量。

有关稳健性的实证研究始于二十世纪九十年代，由Watts（1993）提出研究议题，Basu（1997）提出测度模型之后才逐渐兴起，目前已成为会计实证研究中一个重要的领域。其中有关盈余稳健性的经济后果研究，包括对股权资本成本的影响（Francis等，2004），以及降低债务成本，缓解股东与债权人之间的矛盾（Ahmed等，2002）等。会计的稳健原则能够帮助股东抑制管理层利用收入与费用确认时机的不对称性进行的机会主义的披露行为（Ball和Shivakumar，2005）。

在实证研究中，对稳健性的度量是从资本市场的角度进行的。市场能够识别公司发布的“好消息”或“坏消息”，并体现在股价中。公司发布的是“坏消息”时，股票的超额收益与会计盈余的相关系数大于公司发布“好消息”时的相关系数。换句话说，股票的价格包含了市场所有公开可获得的信息，市场能够从已知信息中了解公司的盈利状况，并反映在股价中。稳健性代表高质量的盈余，能够提高利用盈余进行决策的决策质量（Ball等，2002；Ball和Shivakumar，2005），理应受到投资者的青睐。投资者会倾向于选择稳健性高的上市公司股票，进而活跃这类股票的交易。借助第3章的理论分析框架，稳健性与盈余其他的特征一样，稳健性较高的盈余代表了高质量的信息，也应该能够改善知情交易者与不知情交易者之间的信息环境，降低信息不对称的程度。交易者在发出交易指令时也会给出更合理的报价，而由于相对信息不对称程度较低，知情交易者利用信息优势抬高价差的做法也会得到有效抑制，卖方和买方的报价接近，订单容易撮合，交易也较容易完成，由此股票的流动性能够得到提高。但鉴于许多学者认为盈余稳健性并不代表高质量的盈余，而是为了掩饰“洗大澡”的行为（姜国华和张然，2007；邱月华和曲晓辉，2009），本书拟将样本组按盈余稳健性分为两组，稳健性较高的一组代表高质量盈余，能够提高公司股票的流动性，稳健性较低的一组中管理层可能存在盈余管理的动机，表示这一组的稳健性并不代表高质量的盈余，反而盈余质量较低，由此提出假设6-1：

假设6-1：盈余稳健性高于平均水平的企业，稳健性越高，公司股票的流动性也越好。

6.3 研究设计

根据理论基础、研究假设和已有可参考的文献，设立回归模型、筛选样本并报告回归结果。

6.3.1 模型的设立

为了检验盈余稳健性对股票流动性的影响，参考模型4-7，同时把影响流动性的其他因素，包括股票规模、盈利性、股票收益的波动性等作为控制变量。根据假设，建立模型如下：

$$Roll_{i,t}=\beta_0+\beta_1 CSCORE_{i,t-1}+\beta_2 Stock_{i,t-1}+\beta_3 STDRET_{i,t-1}+\beta_4 Board_{i,t-1}+\sum_{a=1}^{20}\alpha_a INDUSTRY_{i,t}+\sum_{b=1}^{5}\alpha_b YEAR_{i,t}+\varepsilon_{i,t} \quad （公式6-6）$$

其中，CSCORE代表盈余稳健性，是通过公式6-3按年回归出的系数代入公式6-4计算出的代表公司/年度稳健性的变量。公式中的控制变量与公式4-7中的变量定义一致，LNMV为年末公司市值的自然对数，由于在计算CSCORE时已经考虑了公司的规模（总资产自然对数）、成长性（市净率）、财务杠杆水平（资产负债率），因此为了避免多重共线性，在公式6-6中去掉变量BM、Lev和Roe。

在检验时拟将样本按照盈余稳健性的高低分为两组，CSCORE高于均值的为H组，低于均值的为L组，分别检验两组中盈余稳健性对股票流动性的影响。

6.3.2 样本选取

这一部分的回归样本仍选取2005—2021年度沪市与深市的A股上市公司，剔除金融类上市公司，这类公司的财务报告内容较为特殊；剔除ST、SST、*ST样本公司，这类公司常年亏损，财务风险较大，拟不列入样本范围；剔除当年增发的上市公司样本；剔除当年上市的样本公司，这两类公司易成为炒作题材，股票的流动性受到的非正常干预较多，因此予以剔除；同样剔除年交易天数低于30天的样本公司，此类公司交易数据不足，可能发生影响股票流动性的重大事件，如并购、重组等，因此予以剔除。剩余的样本总数为11 193个，对连续变量在1%的水平上缩尾。上市公司股票交易数据和公司财务数据均来自国泰安数据库。

6.4 实证结果

本部分列示及分析了样本的描述性统计情况、回归前对主要变量进行的相关性检验、回归结果、稳健性检验以及进一步分析的结果。

6.4.1 描述性统计

鉴于这一部分选取的样本数据与第4章略有不同，因此对新样本重新做描述性统计，观察样本总体各变量的均值、中位数、标准差以及四分位数的上下限，结果见表6-1。

表6-1 连续变量的描述性统计

变量名称	样本量	均值	中位数	最小值	最大值	标准差
CSCORE	11 193	0.0651	0.0109	-0.0511	0.1109	0.0177

CSCORE来自公式6-3和公式6-4的计算结果。从描述性统计结果来看，新增变量CSCORE的值在-0.05~0.1之间，与相对买卖价差、Illiq等指标一样，也是取值范围较小的变量。CSCORE的中位数为0.0109，均值为0.0651，中值显然小于均值，表示在整体样本中，盈余稳健性低于平均水平的公司比较多，样本总体的稳健性较差。

按照CSCORE分组后，两组的主要变量描述性统计见表6-2。

表6-2 按CSCORE分组描述性统计

组名	变量名称	样本量	均值	中位数	25%分位数	75%分位数	标准差
H组	Roll	3 750	0.0457	0.0422	0.0341	0.0045	0.0124
	CSCORE	3 750	0.2936	0.2911	0.1427	0.3882	0.2351
L组	Roll	7 443	0.0497	0.0480	0.0065	0.0083	0.0101
	CSCORE	7 443	-0.0078	-0.0055	-0.0290	0.0218	0.0412

按稳健性指数分组，稳健性较高的H组样本数小于稳健性较低的L组，稳健性较低的上市公司远远多于稳健性较高的上市公司。同时可以看出，H组的SPR的均值、中位数以及四分位数上下限均小于L组，表明H组样本的买卖价差整体高于L组；而H组的Roll的均值、中位数、四分位数上下限均高于L组，表明L组的价格冲击高于H组。

6.4.2 回归结果

为了检验假设，采用OLS回归，将所有变量全部代入公式6-6，分H组和L组，分别对单独的解释变量CSCORE以及控制了年份、行业和个体固定效应的所有解释变量和控制变量进行回归，回归结果见6-3。

表6-3　　H组盈余稳健性的OLS回归结果

项目	H组		L组	
	Roll	Roll	Roll	Roll
CSCORE	-0.0633^{***}	-0.0518^{***}	0.096^{***}	0.1536^{***}
	(-0.4679)	(-0.4062)	(0.3589)	(2.87)
lev		0.0233		0.0269
		(0.00358)		(0.00892)
Roe		-0.0593^{***}		-0.00617^{**}
		(0.4060)		(0.7100)
Board		-0.01578^{**}		-0.01902^{**}
		(0.00761)		(0.01456)

续表

项目	H组		L组	
	Roll	Roll	Roll	Roll
BM		-0.0350*		-0.0159*
		(0.0690)		(0.0791)
Stock		-0.0424***		-0.0218***
		(0.4833)		(7.55)
Stdret		0.2843***		1.940***
		(0.3099)		(47.18)
Constant	-5.780***	-4.364***	-3.956***	-3.800***
	(-72.21)	(-24.19)	(-78.91)	(-58.71)
年份	未控制	控制	控制	控制
行业	未控制	控制	控制	控制
个体	未控制	控制	未控制	控制
样本数	3 750	3 750	7 443	7 443
R^2	0.0021	0.6173	0.0012	0.4983

注：①括号里为t统计量；

②* $p < 0.1$，** $p < 0.05$，*** $p < 0.01$。

除了对解释变量的单独回归，另外两组回归模型的拟合度较好，模型整体显著。纵观表6-3，不同组中稳健性指数的系数恰好相反。在稳健性普遍较高的子样本中，稳健性越高，股票的流动性越好；而在稳健性平均水平较低的子样本中，稳健性越高，股票的流动性越差。出现这一结果的原因，可能是在稳健性相对较差的样本中，稳健性越高并不代表盈余质量更高，相反，这类上市公司中很可能存在“洗大澡”等操纵利润的行为，管理层利用稳健性原则掩饰这些行为，以避免公司被ST或退市。而盈余稳健性普遍较高的样本组中，稳健性越高，流动性越好，通过了假设6-1。

其他控制变量中，股票收益率的波动性与个股的相对价差正相关，表明盈余的波动越大，流动性越差，与已有文献的结果一致（靳云汇和杨文，2002）。波动性越大意味着投资者对股票未来价格的预期存在更大的差异，在指令驱动的市场中，交易者在发出指令时的买卖报价价差也就越大。同时，当波动性较大时，投资者对未来预期的不确定性增加，交易者尤其是不知情交易者面临的逆向选择成本较大，导致这类交易者的交易愿望不强烈，以避免与知情交易者交易而遭受损失，从而影响市场深度，即交易量降低。

其余控制变量的系数方向与显著性水平在两组中基本无差异。流通股数、盈利性、董事会规模与个股的流动性负显著相关，表明流通股数越多、盈利性越好、公司治理能力越高，个股的流动性越好。

6.4.3 稳健性检验

由于公司/年度的盈余稳健性很难度量，没有合适的替代变量做稳健性检验，因此这里只用替换被解释变量、聚类分析以及Fama和MacBeth（1973）的检验方法验证模型本身的设立是否稳健。

（1）替换被解释变量。

为了验证回归结果的准确性，采用Illiq变量和换手率（Tover）作为股票流动性的替代变量。根据模型6-3，将被解释变量替换为替代变量重新回归，结果见表6-4。

表6-4 **替换股票流动性的OLS回归结果**

项目	Illiq		Tover	
	H组	L组	H组	L组
CSCORE	-0.0140	2.316***	0.059**	-0.038*
	(-0.18)	(7.91)	(0.0230)	(0.0748)
年份	控制	控制	控制	控制
行业	控制	控制	控制	控制
样本数	3 750	7 443	3 750	7 443
R^2	0.4983	0.5032	0.4238	0.4698

注：①括号里为t统计量；

②* $p < 0.1$，** $p < 0.05$，*** $p < 0.01$。

替换被解释变量后，与主检验结果一致，在盈余稳健性较高的样本组中，稳健性越高，非流动性越弱、换手率越高，股票的流动性越高。而在盈余稳健性较低的样本组中，稳健性越低，非流动性越弱，换手率越高，股票的流动性越高，回归结果基本与主回归一致，结果稳健。

（2）聚类分析。

除了采用替代变量的方式进行稳健性检验外，由于与第4章的样本类似，同样是时间序列和横截面混合的数据，时间序列的长度较短，因此拟同样采用聚类分析以及Fama和MacBeth（1973）的方法对回归模型重新估计，以验证回归结果的稳健性。

同一上市公司不同年度回归的残差可能并非独立同分布，而是存在相关关系，因此根据公司做聚类回归。回归结果见表6-5，按公司聚类之后的回归结果基本不变，表明回归通过聚类检验，结果稳健。

表6-5 **聚类分析与Fama-MacBeth检验回归结果**

项目	聚类分析		Fama-MacBeth检验	
	H组	L组	H组	L组
	Roll	Roll	Roll	Roll
CSCORE	-0.0519**	1.536***	-0.0283**	1.3874***
	(-2.33)	(17.78)	(-2.76)	(5.19)
行业	控制	控制	控制	控制
年度	控制	控制		
N	3 750	7 443	3 750	7 443
R^2	0.7081	0.6174		

注：①括号里为t统计量；

②* $p < 0.1$，** $p < 0.05$，*** $p < 0.01$。

（3）Fama-MacBeth检验法。

同样是为了避免横截面与时间序列同时存在的混合数据中，可能出现的残差非独立同分布，甚至自相关的情况，采用Fama-MacBeth的方法进一步进行稳健性检验，按年度分别做横截面数据的回归，用各年度回归系数、t值的均值作为样本总体的回归的系数和t值，避免了残差自相关的问题。回归结果见表6-5，由回归结果可以看出，主要解释变量CSCORE的方向与假设的预期一致，回归结果比较稳健。

6.5 进一步研究

在分别度量并检验了盈余平滑性、持续性、稳健性及其对股票流动性的影响后，仍不能保证三者共同作用对股票流动性的影响，因此，在进一步研究中，首先，综合这三项盈余特征，尝试检验对流动性的共同影响。其次，从资本市场改革进程、公司股权性质以及机构投资者持股几个维度对已有样本进行分组回归，深入探讨处于不同改革阶段的企业以及不同类型公司盈余质量对股票流动性的差异化影响。

6.5.1 盈余特征的相关性检验

借助第4章、第5章以及本章中对盈余平滑性、持续性及稳健性的度量结果，通过Pearson相关系数检验三者之间的相关关系：其中，平滑性采用EARSM1度量，持续性选取两种度量方式PER_a、PER_b，结果见表6-6和见表6-7。

表6-6 盈余特征的相关性检验（稳健性高于中值）

项目	平滑性	持续性（a）	持续性（b）	稳健性
平滑性	1.0000			
持续性（a）	0.1507***	1.0000		
持续性（b）	0.2169***	0.0640***	1.0000	
稳健性	-0.0840***	-0.0584**	0.0191	1.0000

注：* $p < 0.1$，** $p < 0.05$，*** $p < 0.01$。

表6-7 盈余特征的相关性检验（稳健性低于中值）

项目	平滑性	持续性（a）	持续性（b）	稳健性
平滑性	1.0000			
持续性（a）	0.1288***	1.0000		
持续性（b）	0.1598***	0.1228***	1.0000	
稳健性	0.0435***	-0.0044	-0.0609***	1.0000

注：* $p < 0.1$，** $p < 0.05$，*** $p < 0.01$。

表6-6和表6-7中数据表明平滑性与持续性基本保持正相关关系，但相关系数均在20%以下，稳健性较高的一组与其他特征变量基本保持负相关的关系，相关系数不超过10%，相关性较低；稳健性较低的一组与平滑性正相关，与持续性负相关，相关系数在5%左右，相关关系不明显。理论上，三者与盈余质量均有正向的关系，持续性越高，平滑性中正常部分比例越高，稳健性越高，代表盈余的质量越高。但通过相关性检验，稳健性与持续性、平滑性的关系并不明朗。

6.5.2　综合三个盈余特征的回归检验

参考回归模型6-6，将EARSM1、PER_a、CSCORE三个代表盈余特征的变量放入同一模型中，建立模型6-7：

$$Roll_{i,t}=\beta_0+\beta_1 EARSM1_{i,t-1}\times PER_{ai,t-1}\times CSCORE_{i,t-1}+\beta_2 Stock_{i,t-1}+\beta_3 Stdret_{i,t-1}+\beta_4 Board_{i,t-1}+\sum_{a=1}^{20}\alpha_a INDUSTRY_{i,t}+\sum_{b=1}^{6}\alpha_b YEAR_{i,t}+\varepsilon_{i,t} \quad \text{（公式6-7）}$$

数据与前面回归模型所用数据相同，采用全部进入法，回归结果见表6-8，其中FPC代表$FEAESM_{i,t-1}\times PER_{ai,t-1}\times CSCORE_{i,t-1}$。

表6-8　**综合盈余特征的OLS回归结果**

项目	Roll	
	系数	VIF
FPC	-0.2032***	1.6461
Stock	-0.0702***	1.0756
Board	-0.0537***	1.3311
Stdret	0.4713***	1.5749

续表

项目	Roll	
	系数	VIF
Constant	-2.8907^{***}	0
行业	控制	
年度	控制	
N	19 010	
R^2	0.7220	
Adj R^2	0.7158	

注：$^{*}p < 0.1$，$^{**}p < 0.05$，$^{***}p < 0.01$。

三个变量的乘积与流动性显著负相关，但系数较小，表明三者对流动性仍会产生正向的影响，但作用的效果不大。其他控制变量也均显著：公司规模越大，流动性越好；股票的收益波动越小，流动性越好；盈利高的公司流动性好于亏损公司。这些变量的系数方向与理论一致。从检验结果可以得出结论：如果上市公司的盈余能够同时兼具较高的盈余平滑性、持续性与稳健性，公司的盈余质量较好，对其股票的流动性也会产生正面的促进作用。

6.5.3 盈余管理对股票流动性的影响

会计的平滑性、持续性以及稳健性都可能是盈余管理甚至盈余操纵的结果。在前文中，也有部分理论和实证结果表明，当投资者怀疑管理层会为了盈余稳健或平滑而进行盈余操纵时，对公司的股价预期会产生较大的分歧，股票的流动性将随之下降。因此，本部分补充盈余管理程度对股票流动性的影响。采用修正的Jones模型和真实盈余管理的度量模型DD模型（Dechow和Dichev，2002）分别度量盈余管理程度，分别得到变量EM1和EM2替换CSCORE代入模型6-7，股票流动性分别采用相对价差、非流动性指标Illiq、ZEROS指标和换手率（见表6-9和表6-10）。

表6-9　　**盈余管理与股票流动性（1）**

项目	Roll	Illiq	ZEROS	Tover
EM1	0.00201**	-0.0516	-0.00882***	-0.378***
	(0.000826)	(0.223)	(0.00128)	(0.0696)
行业	控制	控制	控制	控制
年度	控制	控制	控制	控制
N	12 218	12 218	12 218	12 218
R^2	0.4918	0.0075	0.3668	0.3196

注：①括号里为t统计量；

②* $p < 0.1$，** $p < 0.05$，*** $p < 0.01$。

表6-10　　**盈余管理与股票流动性（2）**

项目	Roll	Illiq	ZEROS	Tover
EM2	0.000195*	-0.0110	-0.000663**	-0.0291**
	(0.000165)	(0.0440)	(0.000270)	(0.0137)
行业	控制	控制	控制	控制
年度	控制	控制	控制	控制
N	12 218	12 218	12 218	12 218
R^2	0.4901	0.0077	0.3564	0.3196

注：①括号里为t统计量；

②* $p < 0.1$，** $p < 0.05$，*** $p < 0.01$。

从表6-9和6-10的结果来看，公司的盈余管理程度越高，股票相对价差越大，零收益率的天数越少，换手率越低。除了对非流动性的指标Illiq回归不显著，其他回归结果均表明盈余管理程度越高，股票的流动性越差。投资者对盈余质量差的公司预期股票价格差异较大，交易意愿不足，造成流动性较低，也能从反面证明股票流动性能够受公司盈余质量高低的驱动。

6.6 异质性分析

为了深入考察盈余质量对股票流动性的影响，将样本进行不同维度的分组，拟按照制度改革阶段、公司产权性质以及机构投资者持股高低分组检验，深入挖掘盈余质量影响股票流动性的内在机制。

（1）不同制度改革阶段的异质性分析。

从2005年股权分置改革开始，在近二十年的时间里，证监会、国资委、交易所持续出台了多项制度文件规范资本市场运营和健康发展，提升市场的流动性。其中，2015年开始引入的融资融券制度极大地增加了市场的交易量，促进市场价格发现机制更好地实现，进而提高股票的流动性。因此，在融资融券制度引入前后，预期盈余质量会更显著地提升股票的流动性。将样本以2015年为界限分为两组：融资融券引入之前与融资融券引入之后，并按照公式4-7分别进行回归，结果见表6-11。

表6-11　**市场改革不同阶段下盈余质量对流动性的影响**

项目	融资融券引入前	融资融券引入后
	Roll	Roll
EARSM1	-0.000118*	-0.000220**
	(8.22e-05)	(6.18e-05)

续表

项目	融资融券引入前	融资融券引入后
	Roll	Roll
行业	控制	控制
年度	控制	控制
N	6 925	5 293
R^2	0.6270	0.3168

注：①括号里为t统计量；

②* $p < 0.1$，** $p < 0.05$，*** $p < 0.01$。

由回归结果可知，融资融券制度引入后，盈余的平滑性的系数显著为负，在系数大小和显著性水平上均高于融资融券制度引入之前，表明当市场的流动性更充分时，市场的价格发现功能得到完善，市场的交易广度和宽度得到提升，盈余质量对股票流动性的作用更为显著，且影响程度更高。

（2）不同股权性质的异质性分析。

国有企业与民营企业公司股权性质不同、公司股权集中度不同，承担的经济及社会责任也有所差异，可能造成盈余质量对股票流动性的影响效果不同。因此，本书按照不同的股权性质，将样本分成国营和民营企业两组，考察不同产权性质盈余质量对公司股票流动性的影响差异。

表6-12列示了非国有企业和国营企业的效果差异，从结果可知EARSM1的回归系数在民营企业样本组显著为正，在国有企业样本组不显著。这是因为，一方面，国有企业兼具经济和政治双重特征，在承担经济责任的同时，还要承担相应的社会责任，必然会导致其在信息披露方面产生差异（王素玲等，2017），国有企业信息披露质量更

高；另一方面，相较于国有企业，民营企业对中小投资者权益侵占更为严重，如采取自由的股权质押等形式（戴大双，2021），因而投资者对民营企业披露的高质量信息反应更强烈。

表6-12　　产权差异下盈余质量对流动性的影响

项目	国有企业	民营企业
	Roll	Roll
EARSM1	-0.00578	-0.00335**
	(0.00156)	(0.00790)
行业	控制	控制
年度	控制	控制
N	6 235	5 983
R^2	0.5230	0.5780

注：①括号里为t统计量；

②* $p<0.1$，** $p<0.05$，*** $p<0.01$。

（3）机构持股占比的异质性分析。

机构投资者发挥着外部治理的作用，当机构投资者持股占比不同时，盈余质量可能对股票的流动性发挥差异化的影响。按照样本中机构持股比例的中位数为分组标准，分成机构占比高和机构占比低两组，考察机构占比不同时，盈余质量对股票流动性的差异化影响。

表6-13中的回归结果显示，机构持股比例高的公司盈余质量对流动性的影响在显著性水平上更高。这可能是由于机构投资者占比越高，通常企业的信息透明度越高，公司会减少刻意隐瞒差消息、提前发布好消息的可能，公司的高质量盈余更具有可信度。因此，投资者利用高质量盈余对股票价格的报价更接近一致，相对价差有所下降。可见，外部治理和内部治理均发挥着提高股票流动性的作用。

表6-13　　**机构持股差异下盈余质量对流动性的影响**

项目	机构持股高	机构持股低
	Roll	Roll
EARSM1	-0.00378*	-0.00566**
	(0.00259)	(0.00680)
行业	控制	控制
年度	控制	控制
N	6 110	6 108
R^2	0.4606	0.5650

注：①括号里为t统计量；

②* p<0.1，** p<0.05，*** p<0.01。

6.7　本章小结

本章运用在第3章中阐述的盈余质量影响股票流动性的基本分析框架，将盈余稳健性带入其中，根据盈余稳健性的特点，分析其向资本市场传递的关于公司盈余质量特征的可能信号，并预测交易者将会据此做出何种交易决策。鉴于在理论与实践中对盈余稳健性是否能代表高质量的盈余莫衷一是，本部分将样本公司按照盈余稳健性进行分组，分别检验不同样本组中盈余稳健性对股票流动性的影响。稳健性高于平均水平的一组代表高质量的盈余，稳健性低于平均水平的一组的盈余质量有待实证结果的证明。同时，盈余稳健性的度量具有一定的难度，以往有关稳健性的文献多是以大样本为基础，检验样本总体的稳健性，极少有文献度量公司/年度的稳健性。本书借鉴Khan和Watts（2007）的方法，通过控制公司规模、成长性和财务风险，计算出稳健性指数，借以度量稳健性。实证结果表明，在盈余稳健性较高的上市公司中，稳健性越高，公司股票的流动性越好。也可以理解为交易者认为这类公司具有高质量的盈余，信息质量较高，信息环境较为透明。投资者在接受这一信号后，能够对股票发出合理的指令报价。而在盈余稳健性较低的公司中，稳健性越高，流动性越差。对于这一实证结果的解释是：在稳健性低于平均水平的样本中，稳健性越高并不代表盈余质量更高，相反，这类上市公司中很可能存在“洗大澡”等操纵利润的行为，管理层利用稳健性原则掩饰这些行为，以避免公司被ST或退市。此外，其他影响流动性的控制变量也符合预期的回归结果。通过替换被解释变量、聚类分析、Fama-MacBeth回归的方法进行稳健性检验，主要变量盈余稳健指数均通过稳健测试。

通过进一步研究，构建特殊变量FPC，将代表盈余质量的三个特征：平滑性、持续性与稳健性同时放入模型进行统一回归，回归结果表明三种盈余质量共同作用，仍然能够对股票流动性起到提高和促进效果。进一步研究与基本回归的逻辑一致，结果相近，是对基本回归的进一步佐证。如果公司的盈余持续性、稳健性或平滑性是可以进行盈余管理或操纵盈余的结果，那么将盈余质量替换为代表盈余管理程度的变量，采用同样的回归模型，预期回归系数应显著为正。而回归结果符合预期，表示盈余管理程度越高的公司，流动性越差，进一步验证了前文的理论基础。

此外，当样本公司处于资本市场改革的不同阶段、国有或非国有控股、机构投资者占比高低不同时，盈余质量对股票流动性的影响也会产生差异。因此，本章从资本市场制度差异、公司的产权性质以及机构投资者占比三个维度进行异质性分析，发现在引入融资融券制度后，上市公司的盈余质量对公司股票流动性的影响更为显著，表明盈余质量的影响与市场价格发现机制的成熟程度息息相关。而在国有企业以及机构投资者占比较高的公司，其盈余质量对股票流动性的促进作用也更明显。这可以说明越是值得市场交易者信任的上市公司，其信息质量越能提高股票的流动性。

7

结论与政策建议

本章总结全书的主要研究结论，并提出政策建议。

7.1 主要研究结论

本书构建了盈余质量对股票流动性影响机制的理论分析框架；在从盈余三种属性角度对上市公司盈余质量进行科学测度的基础上，以我国A股上市公司为研究对象，考察了上市公司不同盈余特征代表的盈余质量与股票流动性的关系等问题，最终得到了如下研究结论：

（1）在国内A股市场采用的指令驱动交易机制下，知情交易者与不知情交易者之间的信息不对称，仍然能够引起交易成本中的逆向选择成本，导致流动性降低。对于所有的投资者而言，公开信息是决策的有效信息源。公开信息的质量能够提高决策质量，影响投资者的决策行为，而投资者行为又是决定股票流动性的重要因素之一。较高的盈余质量能够有效降低信息不对称程度，提高投资者接受的信息质量，影响投资者行为，进而缩小买卖报价，降低逆向选择成本，交易更易达成。此外，这类股票也会吸引更多不知情投资者参与交易，扩大成交量，活跃交易程度，进一步促进流动性的提高。同时，理性的不知情交易者也会选择避免交易盈余质量较低的上市公司股票，进而影响成交量，降低流动性。

（2）盈余平滑性反映了报告盈余与真实收益（现金流）之间的关系，即报告盈余偏离真实盈余的程度。盈余平滑性是收付实现制的产物，因此有可能存在管理层利用应计项目操纵利润的行为。因此对盈余平滑性能否反映高质量的盈余存在不一致的结论，但问题的关键取决于市场参与者或投资者能否识别出盈余的平滑性是持续稳定的盈利带来的，抑或是管理层刻意为之的结果。经过实证检验发现，采用两种平滑性的度量方式，即盈余与现金流的相关系数或盈余与现金流的波动性之比，都得出相似的结论：上市公司的盈余平滑性越高，公司的股票流动性越好。也就是说，作为市场力量的投资者能够关注并辨识出盈余质量的高低，并反映在随后交易的报价和活跃程度上。投资者能够识别并理解应计盈余与现金流盈余的不同，以及二者在预测公司未来盈余持续性中的差异作用。盈余平滑性的改善不应是以盈余操纵或隐瞒不良信息实现，而应是提高企业自身的造血能力，减少应计或会计政策选择带来的“操控性盈余”，增加企业提高经营能力实现的“非操控性盈余”。

（3）盈余持续性是盈余的时间序列特征，反映了本期实现的会计盈余在未来各期可实现的可能性。盈余持续性较高，表示盈余的质量较高。盈余持续性可以通过多种方式度量：用自回归移动平均过程（ARIMA）模型估计PER（盈余持续性）；用会计利润中持续性较好的利润所占比例度量。本书采用后一种方法，用企业年收入中成本、税金及期间费用后的营业收入占利润总额的比例作为盈余持续性的代理变量。在此基础上，检验以持续性衡量的盈余质量对股票流动性的影响，结果表明：上市公司盈余持续性越高，公司股票的流动性越好。也可以理解为投资者通过财务报告能够识别出上市公司盈余持续性的高低，这类上市公司的信息质量较高，信息环境较为透明。投资者在接收这一信号后，能够对股票发出合理的指令报价，同时，这类公司也能够吸引没有私人信息渠道的不知情交易者进行交易，股票交易的活跃程度较高。

（4）盈余稳健性原则是会计人员在进行会计要素的确认时审慎地低估资产和收入，高估负债和费用的原则。稳健性与盈余质量的关系一直没有定论，支持的观点认为稳健性能够提高财务报表总体上的有用性，特别是在公司治理和债务协议方面，反对的观点认为“洗大澡”、创造性购并会计以及各种减值准备的盈余管理行为也会造成资产低估这一稳健性的表象。资产减值准备的计提和转回有时会成为上市公司避免被ST或退市的一个非常重要的利润操纵工具。度量稳健性的经典方法是Basu（1997）经典的盈余反转模型，但后续模型中需要公司年度的稳健性数据，不适宜采用Basu的模型，因此，本书借鉴Khan和Watts（2007）的方法，计算稳健性指数Cscore，即在Basu模型的基础上加入代表公司规模、成长性和财务杠杆的变量，并将回归结果代回股票累计报酬率的系数，计算出稳健性指数。同时，鉴于在理论与实践中对盈余稳健性是否能代表高质量的盈余莫衷一是，本书尝试按照盈余稳健性的高低分组，稳健性高于平均水平的一组代表高质量的盈余，稳健性低于平均水平的一组盈余质量有待实证结果的证明。实证结果表明，在盈余稳健性较高的上市公司中，稳健性越高，公司股票的流动性越好。也可以理解为投资者认为这类公司具有高质量的盈余，信息质量较高，信息环境较为透明。投资者在接收这一信号后，能够对股票发出合理的指令报价。而在盈余稳健性较低的公司中，稳健性越高，流动性越差。对于这一实证结果的解释是：在稳健性低于平均水平的样本中，稳健性越高并不代表盈余质量更高，相反，这类上市公司中很可能存在“洗大澡”等操纵利润的行为，管理层利用稳健性原则掩饰这些行为，以避免公司被ST或退市。

（5）盈余平滑性、持续性和稳健性能够同时对股票流动性产生提高和促进作用，研究与基本回归的逻辑一致，结果相近。将盈余质量替换为代表盈余管理程度的变量，采用同样的回归模型，回归系数由负转正，且仍然应显著，表示盈余管理程度越高的公司，流动性越差，进一步验证了前文的理论基础。

（6）从资本市场制度差异、公司的产权性质以及机构投资者占比三个维度进行异质性分析，发现在引入融资融券制度后，上市公司的盈余质量对公司股票流动性的影响更为显著，表明盈余质量的影响与市场价格发现机制的成熟程度息息相关。而在国有企业以及机构投资者占比较高的公司，其盈余质量对股票流动性的促进作用也更明显，说明越是值得市场交易者信任的上市公司，其信息质量越能促进提高股票的流动性。

7.2 政策建议

本书检验了盈余质量与股票流动性之间的关系，并得到了盈余质量较高的公司，股票的流动性也较好的结论。流动性是资本市场重要的特征之一，高流动性能够吸引更多的投资者，活跃交易市场，因此是监管机构、上市公司和投资者关注的焦点。通过提高上市公司的盈余质量，能够对股票的流动性产生积极的影响。从政策的角度来看，可以通过以下途径提高上市公司盈余质量：

第一，应制定高质量的会计准则，加大会计规范的执行力度。企业采用高质量的企业会计准则是实现高质量盈余的前提，而加大会计规范的执行力度则是实现高质量盈余的保障。我国的企业会计准则经历了多次的调整与变革：财政部于2006年2月发布的包括1项基本准则、38项具体准则在内的新企业会计准则是迄今为止最新的一套准则。这套准则在考虑基本国情的基础上，借鉴了代表高质量准则的国际财务报告准则，而随着美国会计准则理事会与国际会计准则理事会联合制定的概念框架的发布，以及随后一系列准则的变更和调整，我国的企业会计准则也应响应时势对现有准则做出调整，尤其是在争议较大的金融工具计量、租赁会计等领域，这样有助于企业在应对不断复杂的经济形势和不断涌现的创新投融资工具时有据可依、有章可循。对于上市公司管理层可能利用会计准则在内的一切机会操纵会计盈余的行为，国务院及有关部委先后制定并发布了一系列的法律法规和制度条例，其中包括《企业财务会计报告条例》《企业会计准则》《股份有限公司会计制度》《会计基础工作规范》《上市公司财务信息披露细则》等。1999 年 10 月 31 日修订的《中华人民共和国会计法》，1999 年 12 月 25 日颁布的《中华人民共和国刑法修正案》中均对内幕交易、诱骗投资者买卖证券、泄露内幕信息、操纵证券交易价格、编造并传播证券交易虚假信息的处罚进行了详细的规定。2006 年 1 月 1 日起施行的修订后的《中华人民共和国证券法》中也规定上市公司必须真实、准确、完整地披露信息，不得有虚假记载、误导性陈述或者重大遗漏。这些法律法规以及部门规章的发布实施对提高我国上市公司的盈余质量起到了一定的促进作用。但与欧美等发达国家相比，我国在法律上对上市公司违法操纵盈余，以及提供虚假盈余信息的惩处还是相对较轻的。对此，有关部门除了应加大现有法律法规的执行力度，真正做到"违法必究""执法必严"，还应适当提高违法行为的惩戒力度，以儆效尤，否则，上市公司的盈余质量是无法从根本上得到提高的。

第二，要提高上市公司盈余信息的披露水平。由于会计准则和会计制度具有一定的灵活性，需要会计人员运用主观判断，选择适当的会计方法对有关的交易事项进行处理，因此盈余信息很容易被管理当局操纵。在我国目前的上市公司中，一系列舞弊事件的发生，正是由于部分公司的管理层利用现有的会计政策，操纵财务报告中的盈余数字造成的。这些事件的发生，不仅给上市公司的发展埋下了极大的隐患，而且严重破坏了资本市场的正常秩序，甚至会制约整个国民经济的健康发展。根据有效市场假设，投资者能够获得并正确理解公开可获得的各类信息，这意味着投资者能够看透财务报表中的数字，了解其深层含义，不仅关注盈余数字，更能分辨出数字背后的质量。但在我国目前的资本市场中，机构投资者比例过低，个人投资者，尤其是中小个人投资者所占比例偏高，投资者结构尚未达到合理水平。不仅如此，绝大多数个人投资者缺乏一定的读懂财务报表的知识，对盈余不同组成部分的理解不够深刻，不具备足够识别上市公司盈余质量的能力，导致盲目跟从的现象屡有发生。鉴于上述现状，应当从以下几个方面加强上市公司盈余信息的披露：

首先，针对投资者缺乏必要的专业知识这一问题，有关方面应协同研究机构，尽快出台一套相对完善的盈余质量评价体系，并定期发布评价结果，引导投资者做出理性投资。

其次，上市公司在披露盈余信息时应注意到投资者的需求。虽然财务报告是通用而非针对某一类特定使用者编制而成，但投资者是财务信息最重要的使用者，上市公司可以适当在财务报表附注的部分根据投资者的需求科学合理地披露盈余质量信息。

再次，鉴于个人投资者在信息传递中处于劣势，多数属“不知情交易者”，建议还应加大力度发展一些独立性强、专业实力雄厚的投资咨询类公司，这类公司可以成为个人投资者的专业投资顾问，帮助其解决信息不对称问题，及时防范和识别盈余舞弊。

最后，也是提高上市公司盈余质量最基本的一条途径，就是鼓励上市公司积极发展主营业务，以形成其独有的核心价值。在上市公司的可持续发展中，主营业务占据至关重要的地位，能够起到稳定利润、提高盈余质量的重要作用。就我国上市公司目前所处的发展阶段而言，更应该坚定不移地壮大主业，实现规模经济。只有这样，才能根本上提高上市公司的盈余质量。

第三，提高上市公司内外部治理水平。公司治理是为了解决股东与管理层之间的委托代理问题而设立的一套包括内部或外部、正式或非正式的制度或机制，保证公司决策的科学性，从而最终维护公司各个方面的利益。会计盈余是公司治理机制产生的效果，上市公司盈余质量的高低主要源自于公司的治理行为（林钟高、吴利娟，2004）。公司治理是上市公司盈余质量的重要影响因素之一，科学有效的公司治理机制能够有效提高上市公司的盈余质量。公司治理能否充分发挥积极的作用，取决于上市公司是否拥有健全的内部治理结构、良好的外部治理环境以及外在的制度安排。内在治理结构已形成一套成熟的体系，包括设立监事会、公司的董事长与总经理两职分离、独立董事人数占董事总人数的比例等等。一份名为“公司治理的制度和实践：东亚地区的比较研究”的报告显示，我国公司治理的制度建设（具体包括股东权利、对内部交易的管制、董事责任、透明度/信息披露以及公司信息提供者和雇员的角色这五项内容）在东亚9个国家和地区中排名第一。除了进一步完善公司内部治理结构，还应当构建良好的外部治理环境。外部治理环境的内涵十分广泛，包括产权保护、市场竞争、信用体系、政府治理、法治水平、契约文化等方面。加快市场化进程，减少政府干预，提高法治水平，为投资者提供有效的法律保护，都是改善公司外部治理环境的着眼点。将公司的内部与外部治理有机结合在一起，才能有效提高公司治理水平，进而提高上市公司的盈余质量。

在借助各项措施积极改进上市公司盈余质量的同时，改善制度环境与监管环境，为投资者创造良好的投资环境，拓宽信息流通渠道，也能够对市场的流动性产生积极的影响。

第四，积极完善资本市场产品结构，发展以股票现货市场为基础的金融衍生品市场。鉴于我国资本市场与欧美成熟市场在产品结构上的差距，应积极推出多样化的金融产品。我国2010年推出的股指期货是产品结构升级的一个重大进展，标志着我国资本市场的产品逐步走向多样化与创新化。其他结构化产品，如股票期货和期权、备兑权证等有待未来陆续推出。当然，这类金融衍生品须配合完善的交易机制和规范的规章制度，避免成为投机炒作的工具。

第五，鼓励设立并发展更多、更专业的机构投资者，改善投资者结构，同时吸引更多的投资者，包括中小投资者参与到股市中来，促进市场繁荣。前文描述我国证券市场的现状时认为证券市场参与者中机构投资者的比例偏低，而个人投资者所占比例偏高。实证检验部分也证明了机构投资者占比高时，盈余质量对股票流动性的促进作用更明显。机构投资者具有专业的知识背景，能够进行更为理性的投资。增加机构投资者的比例可以减轻市场上的盲目跟风行为，促使指令处理形成规模经济，提高市场流动性。从信息不对称的角度来说，机构投资者形成的外部治理提高了公司信息质量的可信度，使得交易者对公司的估值更加准确合理，提高报价的异质性，同时能够吸引更多投资者参与到股市中来，提高交易的活跃性，增强股票的市场关注度，有利于降低股票的逆向选择成本，提高市场效率。

第六，拓宽信息流通渠道、强化信息披露机制。造成交易成本过高的原因之一是信息不对称较为严重，股票受关注的程度较低。通过加强上市公司的信息披露监管，增强股市的信息效率，能够有效提高投资者接收信息的质和量，进而增强股票的流动性。每年沪深两市的证券交易所均会出台《关于做好上市公司年度报告披露相关工作的通知》，规范上市公司年报的披露内容，提高披露信息的质量。证监会也应制定更详尽的财务与非财务信息的披露指导意见，通过强制性与指导性相结合的方式，敦促上市公司提高信息披露的质量。证券交易所应起到对日常发布的信息进行及时监督的作用，可以丰富监督的方式和渠道，除了年报问询函，也可以定期进行年报抽检，一旦发现违规情况，立即予以通报并上报证监会。同时，新修订的《会计法》和

《证券法》比之前法律中对法律责任的规定虽有所加强，但与信息披露监管的要求仍存在一定的差距。应加重对披露虚假不实信息的法律责任，增加违规成本，起到法律的震慑作用。

第七，完善市场相关的法律制度，建立有效的惩处机制，积极维护投资者的利益。只有投资者的利益受到充分而有力的保护，才能提高投资者参与证券市场的信心和热情，从而推动资本市场规模的扩大和资源配置效率的提高。投资者的参与在资本市场发展过程中发挥着至关重要的作用，成为推动证券市场规模不断扩大的重要力量。对市场投资者，尤其对中小投资者的保护是资本市场健康稳定发展的基础。在我国资本市场的发展过程中，目前已经形成了一个由相关法律及规范构成的统一协调的投资者保护体系。中国证监会、财政部和中国人民银行于2005年6月30日联合发布了《证券投资者保护基金管理办法》。全国人民代表大会先后于2006年、2019年修订的《证券法》，修订的重点之一就是加大对中小投资者利益的保护力度。尽管如此，对于投资者保护机制的建立仍处于起步和摸索阶段，还存在一些有待完善的地方，尤其是在投资者保护的相关法律制度的执行方面仍然比较薄弱，这使得我国资本市场中投资者的利益无法得到实质性的保护。因此，提高司法系统的执法效率是加强投资者保护的较优选择（吴永明、袁春生，2007）。只有建立和完善健全的抑制投机和惩处违规行为的机制，对投机行为予以警示和震慑，才能够有效保护投资者，提振投资者对市场的信心，防止出现投资短视化的非理性行为。

最后，但同样重要的是，要逐步全面引入做市商制度，对不同类型的证券或不同层次的市场采用不同的交易机制。不同类型证券的流动性不同，不同层次的市场（主板、中小板、创业板和科创板）的流动性也不同。做市商机制能够为市场带来更充分的流动性。虽然我国已经在尝试逐步引入做市商制度，并于2023年12月，以北交所为试点开始实施做市商制度，但在主流以及容纳更多上市公司的上交所和深交所仍没有开始实施。未来应针对不同的流动性需求与市场环境，采取差异化的交易机制，逐步扩大做市商制度的实施范围，以提高市场流动性，促进资本市场的高质量发展。

参考文献

[1] ACHARYA V, PEDERSEN L. Asset pricing and liquidity risk [J]. Journal of Financial Economics, 2005 (77): 375-410.

[2] AHMED A. Accounting earnings and future economic rents: an empirical analysis [J]. Journal of Accounting and Economics, 1994 (17): 377-400.

[3] ALBRECHT W, LOOKABILL L, MCKEOWN J. The time-series properties of annual earnings [J]. Journal of Accounting Research, 1977 (15): 226-244.

[4] ALFORD A, JONES J, LEFIWICH R, et al. The relative informativness of accounting disclosures in different countries [J]. Journal of Accounting Research, 1993 (31): 183-223.

[5] AMIHUD Y. Illiquidity and stock returns: cross-section and time-series effects [J]. Journal of Financial Markets, 2002 (5): 31-56.

[6] AMIHUD Y, LAUTERBACH B, MENDELSON H. The value of trading consolidation: Evidence from the exercise of warrants [J]. Journal of Financial and Quantitative Analysis, 2003 (38): 829-846.

[7] AMIHUD Y, MENDELSON H. Asset pricing and the bid-ask spread [J]. Journal of Financial Economics, 1986 (17): 223-249.

[8] AMIHUD Y, MENDELSON H. Liquidity, the value of the firm, and corporate finance [J]. Journal of Applied Corporate Finance, 2008 (20): 32-45.

[9] ASHBAUGH-SKAIFE H, OLSSON P. An exploratory study of the valuation properties of cross-listed firms' IAS and US-GAAP earnings and book values [J]. The Accounting Review, 2002 (77): 107-126.

[10] ASHBAUGH-SKAIFE H, GASSEN J, LAFOND R. Does stock price synchronicity reflect firm specific information? The international evidence [R]. SSRN Working paper, 2006.

[11] AYERS B, JIANG J, YEUNG P. Discretionary accruals and earnings management: an analysis of pseudo earnings targets [J]. The Accounting Review, 2006 (81): 617-652.

[12] BAGEHOT W.The only game in town [J]. Financial Analysts Journal, 1971 (3-4): 11-14.

[13] BAGINSKI S, BRANSON B, LOREK K, et al. The relationship between economic characteristics and alternative annual earnings persistence measures [J]. The Accounting Review, 1999 (74): 105-120.

[14] BALL R, BROWN P. An empirical evaluation of accounting income numbers [J]. Journal of Accounting Research, 1968 (6): 159-178.

[15] BALL R, ROBIN A, SADKA G. Is financial reporting shaped by equity markets or by debt markets? An international study of timeliness and conservatism [J]. Review of Accounting Studies, 2008 (13): 168-205.

[16] BALL R, ROBIN A, WU J. Incentives versus standards: Properties of accounting income in four East Asian countries [J]. Journal of Accounting and Economics, 2003 (36): 235-270.

[17] BALL R, SHIVAKUMAR L. Earnings quality in UK private firms: comparative loss recognition timeliness [J]. Journal of Accounting and Economics, 2005 (39): 83-128.

[18] BAREFIELD R, COMISKEY E. Depreciation policy and the behavior of corporate profits [J]. Journal of Accounting Research, 1971 (9): 351-358.

[19] BARTH M, LANDSMAN W, LANG M. International accounting standards and accounting quality [J]. Journal of Accounting Research, 2008 (46): 467-498.

[20] BARUCH S, KAROLYI G, LEMMON M. Multi-market trading and liquidity: theory and evidence [J]. Journal of Finance, 2007 (62): 2169-2200.

[21] BAREFIELD R, COMISKEY E. Depreciation policy and the behavior of corporate profits [J]. Journal of Accounting Research, 1971 (9): 351-358.

[22] BASU S. The conservatism principle and the asymmetric timeliness of earnings [J]. Journal of Accounting and Economics, 1997 (24): 3-37.

[23] BEAVER W. The information content of annual earnings announcements [J]. Journal of Accounting Research, 1968 (6): 67-92.

[24] BEAVER W. The time series behavior of earnings [J]. Journal of Accounting Research, 1970 (8): 62-99.

[25] BEIDLEMAN C. Income smoothing: the role of management [J]. The Accounting Review, 1973 (48): 653-667.

[26] BHATTACHARYA U, DAOUK H, WELKER M. The world price of earnings opacity [J]. The Accounting Review, 2003b (78): 641-678.

[27] BHATTACHARYA N, DESAI H, VENKATARAMAN K. Earnings quality and information asymmetry: evidence from trading costs [R]. SSRN Working paper, 2008.

[28] BIDDLE G, SEOW G. The estimation and determinants of associations between returns and earnings: evidence from cross-industry comparisons [J]. Journal of Accounting, Auditing & Finance, 1991 (4): 183-232.

[29] BIDDLE G, SEOW G, SIEGEL A.Relative Versus Incremental Information Content [J] .Contemporary Accounting Research, 1995 (12): 1-23.

[30] BIDDLE G, BOWEN R M, WALLACE J S. Does EVA beat earnings: evidence on association with stock returns and firm values [J], Journal of Accounting and Economics, 1997 (24): 301-336.

[31] BLACK, F. Towards a fully automated exchange [J]. Financial Analysts Journal, 1971 (27): 29-34.

[32] BRAV A, LEHAVY R, MICHAELY R. Using expectations to test asset pricing models [J]. Financial Management, 2005 (34): 31-64.

[33] BRENNAN M, SUBRAHMANYAM A. Investment analysis and price formation in securities markets [J]. Journal of Financial Economics, 1995 (38): 361-381.

[34] BROCKMAN P, CHUNG D Y.Bid-ask Spread components in an order driven environment [J]. Journal of Financial Research, 1999 (22): 227-246.

[35] BROCKMAN P, CHUNG D Y, YAN X.Block ownership, trading activity, and market liquidity [J]. Journal of Financial and Quantitative Analysis, 2009 (44): 1403-1426.

[36] BROWN S, LO K, LYS T. Use of R^2 in accounting research: measuring changes in value relevance over the last four decades [J]. Journal of Accounting and Economics, 1999 (28): 83-115.

[37] BRUNNERMEIER M, PEDERSEN L.Market liquidity and funding liquidity [J]. Review of Financial Studies, 2009 (22): 2201-2238.

[38] BURGSTAHLER D, DICHEV I. Earnings management to avoid earnings decreases and losses [J]. Journal of Accounting and Economics, 1997 (24): 99-126.

[39] BURGSTAHLER D, EAMES M. Earnings management to avoid losses and earnings decrease: are analysts fooled? [J]. Contemporary Accounting Research, 2003 (20): 253-294.

[40] CALLAHAN C, LEE C, YOHN T. Accounting information and bid-ask Spreads [J]. Accounting Horizons, 1997 (11): 50-60.

[41] CASSIDY D. Investor evaluation of accounting information: some additional empirical evidence [J]. Journal of Accounting Research, 1976 (14): 212-229.

[42] CHANEY P, JETER D, LEWIS C. The use of accruals in income smoothing: a permanent earnings hypothesis [J]. Advances in Quantitative Analysis of Finance & Accounting, 1998 (6): 103-135.

[43] CHEN Q, HEMMER T, ZHANG Y. On the relation between conservatism in accounting standards and incentives for earnings management [J]. Journal of Accounting Research, 2007 (45): 541-565.

[44] CHRISTIE A, ZIMMERMAN J. Efficient and opportunistic choices of accounting procedures: corporate control [J]. The Accounting Review, 1994 (69): 539-566.

[45] CHUNG H, WYNN J. Managerial legal liability coverage and earnings conservatism [J]. Journal of Accounting and Economics, 2008 (46): 135-153.

[46] CHUNG K, MCINISH R, WOOD R, et al. Production of information, information asymmetry, and the bid-ask spread: empirical evidence from analysts' forecasts [J]. Journal of Banking and Finance, 1995 (19): 1025-1046.

[47] COLLINS D, SALATKA W. Noisy accounting earnings signals and earnings response coefficients: the case of foreign currency accounting [J]. Contemporary Accounting Research, 1993 (10): 119-159.

[48] COPELAND T E, GALAI D. Information effects on the bid-ask Spread [J]. Journal of Finance, 1983 (38): 1457-1469.

[49] DECHOW P. Accounting earnings and cash flows as measures of firm performance: the role of accounting accruals [J]. Journal of Accounting and

Economics, 1994 (18): 3-42.

[50] DECHOW P, DICHEV I. The quality of accruals and earnings: the role of accrual estimation errors [J]. The Accounting Review, 2002 (77): 35-59.

[51] DECHOW P, KOTHARI S, WATTS R. The relation between earnings and cash flows [J]. Journal of Accounting and Economics, 1998 (25): 133-168.

[52] DECHOW P M, HUTTON A P, MEULBROEK L, et al. Short-sellers, fundamental analysis, and stock returns [J]. Journal of Financial Economics, 2001, 61 (1): 77-106.

[53] DECHOW P, GE W, SCHRAND C. Understanding earnings quality: a review of the proxies, their determinants and their consequences [J]. Journal of Accounting and Economics, 2010 (50): 344-401.

[54] DEFOND M, PARK C. Smoothing income in anticipation of future earnings [J]. Journal of Accounting and Economics, 1997 (23): 115-139.

[55] DEMESETZ H. The Cost of Transaction [J]. Journal of Economics, 1968 (82): 33-53.

[56] DHARAN B. The effect of sales and collection disclosures on cash flow forecasting and income smoothing [J]. Contemporary Accounting Research, 1987 (3): 445-459.

[57] DICHEV I, TANG V. Matching and the changing properties of accounting earnings over the last 40 years [J]. The Accounting Review, 2008 (83): 1425-1460.

[58] DIETRICH J, MULLER K, RIEDL E. Asymmetric timeliness tests of accounting conservatism [J]. Review of Accounting Studies, 2007 (12): 95-125.

[59] ELESWARAPU V R, REINGANIUM M. The seasonal behavior of the liquidity premiumin asset pricing [J]. Journal of financial Econmics, 1993 (34): 373-386.

[60] FAMA E, MACBETH J.Risk, return and equilibrium: empirical tests [J]. Journal of Political Economy, 1973 (81): 607-636.

[61] FIELDS T, LYS T, VINCENT L. Empirical research on accounting choice [J]. Journal of Accounting and Economics, 2001 (31): 255-307.

[62] FOSTER G. Quarterly accounting data: time-series properties and predictive ability results [J]. The Accounting Review, 1977 (52): 1-21.

[63] FRANCIS J, LAFOND R, OLSSON P, et al. The market pricing of accruals quality [J]. Journal of Accounting and Economics, 2005a (39): 295-327.

[64] FRANCIS J, OLSSON P, SCHIPPER K. Earnings quality [J]. Foundation and Trends in Accounting, 2006 (1): 259-340.

[65] FRANCIS J, LAFOND R, OLSSON P, et al. Costs of equity and earnings attributes [J]. The Accounting Review, 2004 (79): 967-1010.

[66] GE W. Off-balance-sheet activities, earnings persistence and stock prices: evidence from operating leases [R]. SSRN Working paper, 2007.

[67] GEMMILL G. Transparency and liquidity: a study of block trades on the London Stock Exchange under different publication rules [J]. Journal of Finance, 1996 (51-5): 1765-1790.

[68] GIGLER F, HEMMER T. Conservatism, optimal disclosure policy, and the timeliness of financial reports [J]. The Accounting Review, 2001 (76): 471-493.

[69] GIVOLY D, HAYN C, NATARAJAN A. Measuring reporting conservatism [J]. The Accounting Review, 2007 (82): 65-106.

[70] GLOSTEN L, MILGROM P. Bid, ask, and transaction prices in a specialist market with heterogeneously informed traders [J]. Journal of Financial Economics, 1985 (14): 71-100.

[71] GRIFFIN P. The time-series behavior of quarterly earnings: preliminary evidence [J]. Journal of Accounting Research, 1977 (15): 71-83.

[72] GUAY W, KOTHARI S, WATTS R. A market-based evaluation of

discretionary accrual models [J]. Journal of Accounting Research, 1996 (34): 83-105.

[73] HRIBAR P, KRAVET T, WILSON R.A new measure of accounting quality [J]. Review of Accounting Studies, 2014 (19): 506-538.

[74] HEALY P, WAHLEN J.A review of the earnings management literature and its implications for standard setting [J]. Accounting Horizons, 1999 (13): 365-383.

[75] HEALY P, HUTTON A, PALEPU K.Stock performance and intermediation changes surrounding sustained increases in disclosure [J]. Contemporary Accounting Research, 1999 (16): 485-520.

[76] HEFLIN F, SHAW K, WILD J. Disclosure policy and market liquidity: impact of depth quotes and order sizes [J]. Contemporary Accounting Research, 2005 (22): 829-865.

[77] HOITASH R, KRISHNAN M, SANKARAGURUSWAMY S.Earnings quality and price quality [R]. SSRN Working paper, 2002.

[78] HOLTHAUSEN R, VERRECCHIA R. The effect of sequential information releases on the variance of price changes in an intertemporal multi-asset market [J]. Journal of Accounting Research, 1988 (26): 82-106.

[79] HUANG R D, STOLL H R.The components of the bid-ask spread: a general approach [J]. The Review of Financial Studies, 1997 (10): 995-1034.

[80] JAYARAMAN S.Earnings volatility, cash flow volatility and informed trading [J]. Journal of Accounting Research, 2008 (46): 809-851.

[81] JAIN P K, KIM J C, REZAEEZ.The Sarbanes-Oxley Act of 2002 and market liquidity [J]. Financial Review, 2008 (43): 361-382.

[82] JENSEN M, MECKLING W. Theory of the firm: managerial behavior, agency costs and ownership structure [J]. Journal of Financial Economics, 1976 (3): 305-360.

[83] JONES J. Earnings management during import relief investigations [J].

Journal of Accounting Research, 1991 (29): 193-228.

[84] KHAN M, WATTS R. Estimation and validation of a firm-year measure of conservatism [R]. SSRN Working paper, 2007.

[85] KOTHARI S, LEONE A, WASLEY C. Performance matched discretionary accrual measures [J]. Journal of Accounting and Economics, 2005 (39): 163-197.

[86] KAROLYI G, LEE A, VANKIJK M. Understanding commonality in liquidity around the World [J]. Journal of Financial Economics, 2011, 105 (1): 82-112.

[87] KYLE A. Continuous auction and insider trading [J]. Econometrica, 1985 (53): 1315-1335.

[88] LAMBERT R. Income smoothing as rational equilibrium behavior [J]. The Accounting Review, 1984 (59): 604-618.

[89] LANG M, MAFFETT M. Transparency and liquidity uncertainty in crisis periods [J]. Journal of Accounting and Economics, 2011 (51): 101-125.

[90] LANG M, LINS K V, MAFFETT M. Transparency, liquidity, and valuation: international evidence on when transparency matters most [J]. Journal of Accounting Research, 2012 (1): 729-774.

[91] LEE C M C, READY M J R. Inferring trade direction from intraday data [J]. Journal of Finance, 1991 (46): 733-746.

[92] LEE C W J, LI L Y, YUE H. Performance, growth and earnings management [J]. Review of Accounting Studies, 2006 (11): 305-334.

[93] LESMOND D, OGDEN J, TRZCINKA J. A new estimate of transaction costs [J]. Review of Financial Studies, 1999 (12): 1113-1141.

[94] LESMOND D. Liquidity of emerging markets [J]. Journal of Financial Economics, 2005 (77): 411-452.

[95] LEUZ C, VERRECCHIA R. The economic consequences of increased disclosure [J]. Journal of Accounting Research, 2000 (38): 353-386.

[96] LEUZ C, NANDA D, WYSOCKI P. Earnings management and investor protection: an international comparison [J]. Journal of Financial Economics, 2003 (69): 505-527.

[97] LEV B.Some economic determinants of time-series properties of earnings [J]. Journal of Accounting and Economics, 1983 (5): 31-48.

[98] LEV B. On the usefulness of earnings and earnings research: lessons and directions from two decades of empirical research [J]. Journal of Accounting Research, 1989 (27): 153-192.

[99] LEV B, ZAROWIN P.The boundaries of financial reporting and how to extend them [J]. Journal of Accounting Research, 1999 (37): 353-385.

[100] LIN J C, SANGER G, BOOTH G G.Trade size and the components of the bid-ask Spread [J]. Review of Financial Studies, 1995 (8): 1153-1183.

[101] LIU M, WYSOCKI P. Cross-sectional determinants of information quality proxies and cost of capital measures [J]. Quarterly Journal of Finance, 2017 (7): 1-33

[102] MADHAVAN A.Market microstructure: a survey [J]. Journal of Financial Markets, 2000 (3): 205-258.

[103] MCCONNELL J, SERVAES H.Additional evidence on equity ownership and corporate value [J]. Journal of Financial Economics, 1990 (27): 595-612.

[104] MCINISH T H, WOOD R A. An analysis of intraday patterns in bid/ask Spreads for NYSE stocks [J]. Journal of Finance, 1992 (47): 753-764.

[105] MCINISH T H, VAN NESS B F.An intraday examination of the components of the bid-ask Spread [J]. Financial Review, 2002 (37): 507-524.

[106] MCNICHOLS M.Research design issues in earnings management studies [J]. Journal of Accounting and Public Policy, 2000 (19): 313-345.

[107] O'HARA M.Market microstructure theory [M] .Cambridge, MA: Blackwell Publisher Inc, 1995.

[108] PANAGO M, ROELL A.Transparency and liquidity: a comparison of auction and dealer markets with informed trading [J]. Journal of Finance, 1996 (51): 579-611.

[109] PENMAN S, ZHANG X.Accounting conservatism, the quality of earnings, and stock returns [J]. The Accounting Review, 2002 (77): 237-264.

[110] POPE P, WALKER M. International differences in the timeliness, conservatism, and classification of earnings [J]. Journal of Accounting Research, 1999 (37): 53-87.

[111] PORTER D C, WEAVER D G.Post-trade transparency on NASDAQ national market system [J]. Journal of Financial Economics, 1998 (50): 231-252.

[112] RICHARDSON S. Earnings quality and short sellers [J]. Accounting Horizons, 2003 (17): 49-61.

[113] RICHARDSON S, SLOAN R, SOLIMAN M, et al. Accrual reliability, earnings persistence and stock prices [J]. Journal of Accounting and Economics, 2005 (39): 437-485.

[114] RICHARDSON S, TUNA I, WYSOCKI P. Accounting anomalies and fundamental analysis: A review of recent research advances-ScienceDirect [J]. Journal of Accounting and Economics, 2010, 50 (2-3): 410-454.

[115] RONEN J, SADAN S.Classificatory smoothing: alternative income models [J]. Journal of Accounting Research, 1975 (13): 133-149.

[116] SCHIPPER K, VINCENT L.Earnings quality [J]. Accounting Horizons, 2003 (17): 235-250.

[117] STOLL H R.Friction [J]. Journal of Finance, 2000 (55): 1479-1514.

[118] STOLL H R. Market microstructure [J]. Handbook of the Economics of Finance, 2003 (1): 553-604..

[119] SUBRAMANYAM K R.The pricing of discretionary accruals [J]. Journal of Accounting and Economics, 1996 (22): 250-282.

[120] TEOH S H, WELCH I, WONG T J.Earnings management and the long-run

underperformance of seasoned equity offerings [J]. Journal of Financial Economics, 1998a (50): 63-100.

[121] TEOH S H, WELCH I, WONG T J.Earnings management and the long-run market performance of initial public offerings [J]. Journal of Finance, 1998b (53): 1935-1975.

[122] VAN NESS B F, VAN NESS R A, WARR R S.How well do adverse selection components measure adverse selection? [J] Financial Management, 2001 (30): 77-98.

[123] VAN NESS B F, VAN NESS R A, WARR R S. Is the adverse selection component really higher on the NYSE/AMEX than on the Nasdaq? [J] Journal of Business Finance & Accounting, 2002 (29): 807-824.

[124] VERRECCHIA R. Information quality and discretionary disclosure [J]. Journal of Accounting and Economics, 1990 (12): 365-380.

[125] WANG Z, WILLIAMS T H. Accounting income smoothing and stockholder wealth [J]. Journal of Applied Business Research, 1994 (10): 96-104.

[126] WATTS R.Conservatism in accounting, Part I: Explanations and implications [J]. Accounting Horizons, 2003a (17): 207-221.

[127] WATTS R. Conservatism in accounting, Part Ⅱ: Evidence and research opportunities [J]. Accounting Horizons, 2003b (17): 287-301.

[128] WATTS R, LEFTWICH R. The time series of annual accounting earnings [J]. Journal of Accounting Research, 1977 (15): 253-271.

[129] WELKER M. Disclosure policy, information asymmetry, and liquidity in equity markets [J]. Contemporary Accounting Research, 1995 (11): 801-827.

[130] WYSOCKI P D. Message boards speak volumes-and volatility (postings and stock trading activity) [J]. Futures News Analysis & Strategies for Futures Options & Deri, 2000 (12): 100-120.

[131] ZMIJEWSKI M, HAGERMAN R.An income strategy approach to the positive

theory of accounting standard setting/choice [J]. Journal of Accounting and Economics, 1981 (3): 129-149.
[132] 蔡传理，徐家林. 上市公司信息透明度对股票流动性的影响——来自深市上市公司2004—2006年的经验证据 [J]. 经济与管理研究，2008 (10): 88-96.
[133] 程小可，王化成，刘雪辉. 年度盈余披露的及时性与市场反应——来自沪市的经验证据 [J]. 审计研究，2004 (2): 48-53.
[134] 程小可. 上市公司盈余质量分析与评价研究 [M]. 大连：东北财经大学出版社，2006.
[135] 董峰，韩立岩. 中国股市透明度对市场质量影响的实证分析 [J]. 经济研究，2006 (5): 87-96.
[136] 戴德明，毛新述，邓璠. 中国亏损上市公司资产减值准备计提行为研究 [J]. 财经研究，2005 (7): 71-82.
[137] 丁方飞，杨梦旋，汪琼. 盈余质量信息复杂程度对股价的影响——基于中国证券市场的实证研究 [J]. 财会月刊，2015 (11): 29-33.
[138] 法博齐，莫迪利亚尼. 资本市场：机构与工具 [M]. 汪涛，郭宁，译. 4版.北京：中国人民大学出版社，2011.
[139] 韩冬，王春峰，岳慧煜. 中国股市买卖价差成本分析 [J]. 北京理工大学学报，2006 (2): 17-28.
[140] 何诚颖，卢宗辉，何兴强，等. 中国股票市场逆向选择成本研究 [J]. 经济研究，2009 (2): 68-80.
[141] 姜国华，张然. 稳健性与公允价值：机遇股票价格反应的规范性分析 [J]. 会计研究，2007 (6): 20-25.
[142] 靳云汇，杨文. 上海股市流动性影响因素实证分析 [J]. 金融研究，2002 (6): 12-21.
[143] 金韵韵. 上市公司盈余质量对证券市场流动性的影响 [J]. 财经问题研究，2014 (3): 49-56.
[144] 李增泉，卢文彬. 会计盈余稳健性：发现与启示 [J]. 会计研究，2003

(2)：19-27.
[145] 柳木华. 盈余质量的市场反应 [J]. 中国会计评论，2003 (7)：194-213.
[146] 吕兆德，何子衡. 上市公司年度盈余持续性影响因素研究 [J]. 北京师范大学学报，2012 (2)：121-129.
[147] 刘海龙，仲黎明，吴冲锋. 股票流动性的度量方法 [J]. 系统工程理论与实践，2003 (1)：16-21.
[148] 刘义鹃，郑文强. 基于融资成本视角的盈余质量对投资效率影响研究 [J]. 财会通讯，2017 (15)：102-107.
[149] 陆静. 基于流动性的证券价格研究 [D]. 重庆：重庆大学，2003.
[150] 穆启国，刘海龙，吴冲锋，等. 指令驱动市场的流动性成本及影响因素分析 [J]. 上海交通大学学报，2004 (3)：321-325.
[151] 彭韶兵，黄益建. 会计信息可靠性与盈余持续性——来自沪、深股市的经验证据 [J]. 中国会计评论，2007 (6)：219-232.
[152] 邱月华，曲晓辉. 是盈余稳健性还是盈余管理？来自中国证券市场的经验证据 [J]. 中国会计评论，2009 (12)：371-382.
[153] 屈文洲，吴世农. 中国股票市场微观结构的特征分析——买卖报价价差模式及影响因素的实证研究 [J]. 经济研究，2002 (1)：56-63.
[154] 屈文洲，谢雅璐，高居先. 信息不对称、流动性与股权结构——基于深圳证券市场的实证研究 [J]. 南开管理评论，2011 (2)：44-53.
[155] 汪炜，袁东任. 盈余质量对自愿性信息披露的影响及作用机理 [J]. 统计研究，2014 (4)：89-96.
[156] 王舒瑶. 盈余质量是否会影响公司的再融资时间 [J]. 当代会计，2018 (5)：9-10.
[157] 王化成，等. 中国上市公司盈余质量研究 [M]. 北京：中国人民大学出版社，2008.
[158] 巫升柱. 自愿披露水平与股票流动性的实证研究 [J]. 财经问题研究，2007 (8)：59-65.

[159] 吴晓求. 中国资本市场2011—2020——关于未来10年发展战略的研究[M]. 北京：中国金融出版社，2012.
[160] 杨朝君，孙培源，施东晖. 微观结构、市场深度与非对称信息：对上海股市日内流动性模式的一个解释[J]. 世界经济，2002（11）：53-58.
[161] 杨朝君. 证券市场流动性理论与中国实证研究[M]. 上海：上海交通大学出版社，2008.
[162] 邹萍. 会计盈余质量与资本结构动态调整[J]. 中南财经政法大学学报，2014，3（3）：115-122；159-160.

索引